张爱玲新传·始终没有感受团圆的一生

张爱玲新传

——始终没有感受团圆的一生

她被称为20世纪中国最传奇、最绚烂、最孤寂、最真实的女人，在浓重的没落贵族气息中裹挟着强烈的自由意识，历经繁华后归于沉寂，其倾城往事永远令人沉醉。

她有绚烂惊世的成名过往，有痴心不悔的爱情经历，有十里洋场的上海岁月，有华丽凄冷的香港故事，直到最后品尝离群索居的人生迟暮。人生不过如此，经历了一切，就对得起这一辈子的年华！

张爱玲新传

——始终没有感受团圆的一生

张俊杰◎编著

中国商业出版社

图书在版编目（CIP）数据

张爱玲新传：始终没有感受团圆的一生 / 张俊杰编著．
—北京：中国商业出版社，2015.6
ISBN 978-7-5044-8978-4

Ⅰ．①张… Ⅱ．①张… Ⅲ．①张爱玲（1920 ~ 1995）
－传记 Ⅳ．① K825.6

中国版本图书馆 CIP 数据核字（2015）第 108899 号

责任编辑：唐伟荣

中国商业出版社出版发行
010 － 63180647　www.c － cbook.com
(100053　北京广安门内报国寺 1 号）
新华书店总店北京发行所经销
河北华商印刷有限公司
*
710×1000 mm　1/16　17 印张　210 千字
2015 年 6 月第 1 版　2019 年 1 月第 2 次印刷
定价：38.00 元
*　*　*　*
（如有印装质量问题可更换）

前言

2009年，张爱玲的遗作，带有纪传体色彩的小说《小团圆》出版，这部真实、细腻、热烈的作品一经问世就得到了强烈的关注，在华人世界又重新刮起了一股“张爱玲风潮”。人们从这部小说中能看到张爱玲一生的爱恨情仇，而她本身也是一个时代的传奇。

显然，张爱玲的家庭背景，对她此后的人生与创作均至关重要。她的祖父是清末名臣张佩纶，祖母是李鸿章的女儿，而父亲后来成了位遗老氏的人物，张爱玲作品中浓重的没落贵族气息大都来源于此。父亲的狂暴，家庭的不幸，又使得她深深体会到人生阴暗与悲哀的一面。而母亲和姑姑的独立自主，又使她由此感受了一种自由意识。

事实上，张爱玲的文学才能很早就表现出来了。现在保存下来的她中学时代的几篇散文和短篇小说习作，可以略见她后来成就的端倪。而她十九岁时写的《我的天才梦》中深刻的自省意识，说明她已经完全成熟了。其中的名句是：“在没有人与人交接的场合，我充满了生命的欢悦。可是我一天不能克服这种咬啮性的小烦恼，生命是一袭华美的袍，爬满了蚤子。”这几乎可以概括她的一生。

对于张爱玲的中文水准，迄今为止仍然是个谜。《我的天才梦》所表现的成熟，以及后来《传奇》《流言》等的突出成就，毫无疑问表明她是运用汉语的大师。然而二十二岁报考圣约翰大学时，她却因国文不及格而未被录取。幸而这样，她没有得到这个前往英国的机会，在沦陷的上海才有可能诞生一位二十世纪中国的重要作家。张爱玲在成为中文作者之前是一位英文作者：她用英文为《泰晤士报》和《二十世纪》写过不少文章，以后又都自行翻译为中文发表，构成散文集《流言》的重要篇章。

多年来，张爱玲因其小说和散文的成就，而获得了大量的“张迷”，包括读者和后来的一些小说、散文作家，特别是女性作家。模仿学习张爱玲者不无有成就者，但迄今还没有一个人能超过她。她有一句话，对于晚辈的影响可能要更大，也更确实：“出名要趁早呀！来得太晚的话，快乐也不那么痛快。”这句话至少对张爱玲自己来说是没错的，她创作的黄金时代一共只有两年，如果不“趁早”，中国文学史上恐怕就没有这么一个人了。

在张爱玲的生命历程中，身边有两位非常重要的人物，一个是她的姑姑，一个是她的锡兰朋友炎樱。她分别为她们写过语录。姑姑的特立独行，炎樱的天真浪漫，与张爱玲自己的性格有种相辅相成或相反相成的矛盾关系。

张爱玲的作品与时代的关系，较之她的前辈、同辈和后辈笔下要疏远得多；然而张爱玲的创作生涯的荣枯兴衰，受到她所处时代的影响最大。“时代是仓促的，已经在破坏中，还有更大的破坏要来”，首先就破坏了张爱玲。短短两年的繁华过去，张爱玲的创作困顿下来，虽然她仍有少量佳作问世，但是总的来说，中国文学史上再也没有一个属于张爱玲的时代了。

在晚年的最后岁月，除了一本由若干照片和似乎过分简洁的说明文字组成的《对照记》以及少数散文之外，张爱玲没有做多少事情。《对照记》中没有胡兰成和她后来的美国丈夫赖雅的位置，说明张爱玲宁肯大家和她一起把她的感情生活彻底遗忘。她的时间花在不断搬家上，而不断搬家的原因是她皮肤过敏，她总疑心有不知名的小虫子咬啮她，这让我们想起了几十年前她说过的“生命是一袭华美的袍，爬满了蚤子”，难道真是谶语不成。

不过，张爱玲的生命的确是“华美”的，无论先前的显赫，还是后来的寂寞。时至今日，有关张爱玲的故事、传说，以及她的文字，都是人们争相品评、研读的对象。民国文坛是一个耀眼的时代，而张爱玲是璀璨光芒中一颗闪耀的恒星。

目录

第一章　世家之女，看似风光无限的童年

纵观张爱玲的成长史，不难看出，她在成年后所做的一切努力，大都是为了彻底挣脱自己的家庭背景，以及家庭背景带来的所有消极和阴影。因此，她从很早就立志做一名有自由思想的新时代女性，而不是旧社会的后裔。

第二章 就读圣玛利亚女校，写作天赋露端倪

随着时间的推移，张爱玲渐渐地长大，这个青青树下的灰姑娘，开启了人生中最重要的年华。

就读圣玛利亚女校，是张爱玲文学传奇中浓墨重彩的一笔，写作天赋初露端倪的她，遇到了良师益友，那肆意流淌的文学梦就这样开始了。

第三章 愤而反抗，逃离旧家庭的束缚

人的少年时代，正当其时的感觉，是有无数的情感潮水。只有在多年以后回首时，才能看得清，那潮底下的礁石是何等狞厉。

年轻时的张爱玲，生活在阴暗分裂的家庭，为了逃离家庭的束缚，寻求自由的人生，她经历了什么？又是什么成就了之后的她？

第四章 阴错阳差进入港大，幸得人生挚友

与其说是阴错阳差地进入香港大学读书，倒不如说是无心插柳柳成荫。张爱玲在港大的经历，是丰富的、耐人寻味的。香港给了她一切新的开始，让她重新燃起了对于生活的渴望。在香港的所见所闻，更是增长了她的见识。更为重要的是，在港大的那段岁月里，她收获了生命中最珍贵的友谊。

第五章 重返上海，成名要趁早

张爱玲是个传奇，无论是她的身份背景，或者说是她的奇装异服，最传奇的也当属她的创作才华了。逃离父亲的魔

掌后，张爱玲辗转去了香港求学，三年的香港生活为张爱玲今后的写作道路可谓是铺上了红地毯。学业未满她就又重返上海这座孤岛，成为了东方明珠。

第六章　所遇非良人，爱让她低到尘埃里

张爱玲在最美的年纪里遇到了一个男子，他饱读诗书，富有才华；他彬彬有礼，温润如玉。遇到他的时候，恰巧也是张爱玲声名如日中天的时候，而才子佳人的搭配却不过是浮华的一场梦。他是胡兰成，这个让张爱玲用尽一生去爱的人。

遇到胡兰成，仿佛张爱玲之前的孤寂都只为等着他出现，可命运弄人，低到尘埃里的她终究还是回到了孤身一人。

第七章　洗尽铅华，民国奇女子重出江湖

“生命是一袭华美的袍，爬满了蚤子。”张爱玲的袍子上终究还是爬上了“蚤子”，再华美的岁月也不过是曾经，再美好的爱情也只留在了张爱玲的心里。

胡兰成逃亡远方，一边躲藏，一边风流。可张爱玲不能，张爱玲只有一支笔，只有用满腹的文学来证明自己。重出江湖，再一次为自己而活，投身于电影圈中，《不了情》《太太万岁》让张爱玲凤凰涅槃。洗尽铅华，生命中不再有胡兰成这个人，有的只是写不停的创作了。

第八章　离开故乡，辗转欲筑香港梦

“世人原谅瓦格涅的疏狂，可是他们不会原谅我。”世人终究是不肯原谅张爱玲的，张爱玲失去了容身之所。故乡故乡，可张爱玲却没有办法继续留下去。她再度回到香港，

这个曾生活过的城市，成就过白流苏与范柳原的倾城之恋的地方，也是诱惑过并让葛薇龙纸醉金迷的地方。而如今，香港又要成为张爱玲筑梦的城市了，让张爱玲再次拿起笔来逃离尘世的喧嚣。

第九章　远赴美国，开启新生活

张爱玲决定离开中国，离开这个令人伤心的地方，她决定前往美国。美国是当时世界上最繁华的地方，在那里她也许能够获得新生。是啊，只要不在这片伤心的土地上驻足，到哪都可以找到新生活。

第十章　相濡以沫，伴丈夫走过最后的时光

大抵名人的爱情都是坎坷艰辛的，不是遭遇爱人的不忠背叛，就是饱受贫穷的折磨。张爱玲的两段爱情便将以上两者全涵盖了。在与胡兰成的“倾城之恋”中，屡遭背叛却不知；与赖雅的爱情，虽然跨越了年龄与国界，做到了“执子之手”，却被贫穷现实逼得经常分隔两地……而张爱玲仍旧坚强地陪伴着赖雅走过了人生的最后时刻，这份情义最珍贵。

第十一章　一座“孤岛”，只为写作而生

自 1955 年从香港移民到美国后，张爱玲一直过着颠沛流离、居无定所的生活。从 1966 年到 1994 年近 30 年间，她给友人写过 84 封亲笔信，后人只能从这些信中大致了解到她在美国的生活和创作情况。贯穿张爱玲书信中的一个重

要话题，就是经济的困窘。虽然如此，这一时期也成为张爱玲的另一个创作高峰期。《海上花注译》就是在这里完成的，《红楼梦魇》与《惘然记》出版于这段时间，《小团圆》的创作也在此期间进行着。

附录

第一章　世家之女，看似风光无限的童年

纵观张爱玲的成长史，不难看出，她在成年后所做的一切努力，大都是为了彻底挣脱自己的家庭背景，以及家庭背景带来的所有消极和阴影。因此，她从很早就立志做一名有自由思想的新时代女性，而不是旧社会的后裔。

她，是腐土上开出的一朵惊艳的花。没落家族中的形形色色人物和种种故事，都成为了后来张爱玲笔下有血有肉的人物，这是一笔别样的财富，成就了她无以替代的文学路数。老子曰“福祸相倚”，这一点在张爱玲的成长史上，表现得特别明显。

这个出身名门的闺秀，究竟有着怎样传奇的人生际遇呢？一切一切，都要从她的家世说起。

1. 降临没落贵族家庭的天使

上海公共租界西区的麦根路 313 号，这是一幢建于明末清初的仿西式建筑，是李鸿章给他女儿的嫁妆。不可小觑的是，这是一座孕育了文学奇异种子的殿堂，因为张爱玲就出生在这里。

在 1920 的民国那样一个风云际会的大时代里，上海似乎成了一个迷失了的津渡，人群熙熙攘攘，涌动着不安和世俗的老式弄堂，第一时间在清晨里醒来。

张爱玲家的弄口有一扇大大的铁门，门口有巡警把守，笔直挺立。整个院子透着沉迷的遗老孤少的气味，门上的铜环不知在哪一年的寒雨里变了铜绿，倍显沧桑。门的钥匙，握在一个叫做张廷重的中年男子手里，他就是张爱玲的父亲，这座房子的主人。

房子的客厅是昏暗的，即使是晴好的天气，在这里看报纸也要开灯，不知小小年纪的张爱玲，在这昏暗的客厅发生过多少故事。古式的楼梯设在客厅的中间，蜿蜒着带你走向一个有着太多回忆的古老家族。

这里陈设着的一张张泛黄老照片，是一个又一个藏着故事的蒙太奇，好像是电影院，有着旧梦里邀请出来的回忆。这房子门，关得住外面的新世界，却关不住古宅里一颗又一颗蠢蠢欲动的心。

1920 年 9 月 30 日，这是一个平淡无奇的日子，阳光和煦，有一种宁静的温暖。一个女婴的降生打破了这座豪宅的宁静，伴着父亲的叹息，她的哭声像是投入湖中的一颗石子，泛起一片片涟漪后，最终又归于平静。

而当时的人们无法预料，这样的平静之下，暗涌的，是一段怎样的传奇人生。张爱玲的生活，一如她的文章，轰动背景下衬托出的平常人生。虽然平静，但又耐人寻味。

最初，父亲为她取名张煐。带张爱玲长大的是一个略微上了年纪的老女仆，常常唤她作“小煐”。当她十岁上小学的时候，母亲感觉张煐这个名字有些俗气，便从英文人名中暂时选择了Eileen作为她的新名字，音译过来则是“张爱玲”，母亲的再度取名，赋予了她生命新的意义。后来，张爱玲在《二十世纪》发表英语文章，出版《秧歌》与《赤地之恋》等的英文版时，署名均为Eileen Chang。

从这一刻，张爱玲的传奇便随之开始。隐秘的身世，为她铺上了一层繁华的底色。她是清末著名“清流派”代表张佩纶的孙女，前清中堂大人李鸿章的重外孙女。官宦世家，高门望族，这一切让她成了见证繁华辉煌、体验家道中落的亲历者，她所经历的家庭生活一幕幕都反映着时代、国家、社会革命等一切重大事件的沧海桑田。

又是一年的岁月轮回，四季辗转，张爱玲随着时光缓慢的步伐在这座深宅大院里渐渐长大。有趣的故事发生在她一岁生日那天，按照张家的规矩，小孩子满了周岁，都要进行“抓周”游戏，以占卜将来的志向和命运。

那一日清晨，早早便被老女仆打扮好的张爱玲，穿着红色的小夹袄，梳着盖住了眉毛的齐耳短发，圆圆的小脸上，一双乌黑的眼睛扑闪扑闪。客厅里坐满了人，仆人也都在场，纷纷叽叽喳喳地议论着。而后，张家的主人们笑呵呵地坐在了客厅里的沙发上，大家似乎都在等着一出隆重的好戏登场。

张爱玲被大人们抱到一个小漆盘面前，里面装满了琳琅满目、各式各样的小物件。她圆圆的大眼睛滴溜溜地转着，这个小不点儿，抓起了一件东西后，上下打量着。在她把东西送进嘴里之前，大人们笑着从她手里抢了下来。

实际上，关于张爱玲在"抓周"时到底抓了什么东西，她自然是不会记得的，只有任凭别人说。她的姑姑——张茂渊，张爱玲长大后最喜欢的人，也曾经是天津城里唯一戴着眼镜、身上无处不彰显着五四以后新青年的想法与装扮的女性，说她"抓周"抓起的是一个小金镑，然而张爱玲的老女仆却始终坚持说她拿起的是一支笔。

这件事情，现在已经无处可考，那就让我们用诗意的想法去看待这件事吧。想起张爱玲笔下创造的一个又一个奇异的传奇故事，不如选择相信老女仆的说法，张爱玲抓起的就是一支笔。那些爱恨痴缠的故事在她的笔下流淌而出，那些时代骤变里的苍凉散落在她的故事里，留给后人的却是无限的遐想。

张爱玲出生的第二年，弟弟张子静也诞生在这座豪宅里。这是一个漂亮又温和的男孩，他的出生让张家人把所有的爱都倾泻出来，因为他可以给张家传宗接代。就连带张子静的女仆，都要比带张爱玲的地位高一些，这也让张爱玲在很早就意识到了男女平等的问题。所以这颗年幼的心中，她从小就立志要锐意图强，胜过弟弟。

张爱玲两岁的时候，全家搬到北方城市天津去了。最初的一切在她眼里都是模糊不清的。那时的她被佣人抱来抱去，还没有太多关于世界的记忆，她注视到最多的，便是老女仆颈项上松垮的皮肤，无趣的孩童，会用手去抓那项颈上的皮肤。随着渐渐长大，她对老女仆的触感就有了不同。也许，那便是她最初对岁月最真实的感受了。佣人的皮肤，在她的记忆里留下了印记，乃至多年以后她还曾回忆起对方的善良和温馨。不过，张爱玲关于童年的记忆是零碎的，通常是对某件事有一种特殊的感觉，因此在内心深处久久不能散去。

在散文《私语》中，张爱玲曾经这样回忆："有一本萧伯纳的戏：《心碎的屋》，是我父亲当初买的。空白上留有他的英文题识：'天津，华北。一九二六。三十二号路六十一号。提摩太·C. 张·'。我向来觉得在书上郑重地留下姓氏，注明年月、地址，是近于啰唆无聊，但是新近发现这本书上的几行字，却很喜欢，因为有一种春日迟迟的空气，像我们在天津的家。"

显然，在张爱玲的记忆中，第一个家是在天津。她很喜欢这个家，在这里度过了一个愉快的童年。在她心里，一本书，读过感受过，它的血液和灵魂掠过内心，停留或者飘远，便已经有了重大意义，远不必留名这样明晃晃地标记。

其实，细心的人会发现，从张爱玲出生开始，最重要的爸爸和妈妈始终都是缺席的。在她模糊的记忆中，只有一个上了年纪的老女仆时刻围绕在自己身边。也许从此刻起，谶语便已种下，而亲情从最初那一刻开始就是千疮百孔的。

2. 天津，张爱玲印象中的第一个家

1922年，张爱玲两岁时，父亲张廷重托亲戚推荐，在天津津浦铁路局谋得一个英文秘书的职位，从此开始了在这座北方城市全新的生活。虽然张爱玲出生在上海，但成年后的她对那里没有任何原初印象，她关于家的记忆最早来自天津。

张家人搬到了天津英租界的一座宅院，当时，张爱玲的弟弟张子静也已经一岁了。同去天津的，还有张爱玲的姑姑张茂渊。

夏天的日子显得格外地轻松，一到中午，张爱玲就会到后院里。她穿着白底小红桃短纱衫、大红裤子，搬上小板凳放在阴凉的院中坐着，喝着满满一小碗去暑的淡绿色的六一散，津津有味地翻看着谜语书。

每天早上，张爱玲都要被老女仆抱到母亲的铜床上去，小小的她趴在方格子的青棉被上，跟着睡眼惺忪的母亲背诵唐诗，与母亲逗乐一番。下午则是认字的时间，认得两个字就可以吃到两块绿豆糕作为奖励。多年后，张爱玲仍记得天津的庭院里有个大秋千架，一个高大的被她唤作“疤丫丫”的丫环经常陪她荡秋千，一荡就是大半天。

院里天井一角架着个青石砧，有个粗通文墨但胸有大志的男佣人，常用毛笔蘸水在那上面练习写字。这男佣人瘦小清秀，还常常

讲《三国演义》给张爱玲听。张爱玲很喜欢他，也替他取了一个匪夷所思但很可爱的名字叫“毛物”。毛物有两个弟弟，自然就依着叫“二毛物”“三毛物”，于是毛物的妻子也就成了“毛物新娘子”，被简称为“毛娘”。毛娘倒是颇有姿色，有着水汪汪的大眼睛，红扑扑的鹅蛋脸，也经常给张爱玲讲孟丽君女扮男装中状元的故事。当然毛娘的机灵有时显得很工于心计，后来“疤丫丫”嫁给三毛物，就吃尽了她的苦头。再后来，毛物一家人都离开了张府，自己开起了杂货铺子，女佣们还经常带张爱玲姐弟去照顾他们的生意。

幼时的张爱玲生活里有一个重要内容，就是跟保姆斗法，特别是跟弟弟的保姆张干斗法。每次唇齿之战，张干看着这个决不饶人的“小大人”，总是被她气得七窍生烟。有一次，张干被气坏了，恶狠狠地对小张爱玲说：“你这个脾气只好住独家村了！希望你将来嫁得远远的——弟弟也不要你回来！”

张干似乎能从抓筷子的手指所处位置预测她将来的命运，并且一脸严肃地说：“筷子抓得近，嫁得远。”小张爱玲听了便急了，连忙将手指移到筷子上端，慌张地问道：“那抓得远呢？”张干一脸得意地说：“抓得远当然嫁得更远了。”顿时，张爱玲被气得说不出话来。

张爱玲从小就有一种奇异的自尊心。有一次，张干买了个柿子回来，因为太生了，就把它放在抽屉里捂熟。张爱玲记在了心上，隔两天就打开抽屉看看柿子到底熟没熟。那时，柿子显得透红，张爱玲却疑心保姆是忘了拿出来分给姐弟俩吃。但她还在跟张干处于“冷战”时期，尽管很想吃，也不主动提醒张干拿出那透红的柿子。

再后来，可想而知，等张干想起来抽屉里的柿子，打开一瞧，早已都烂成了一泡水。成年后的张爱玲仍然记得这个生活中的小细节，懊恼不已。无论如何，这种旁人难以理解的自尊心，在以后的日子里伴随着张爱玲走完了她传奇的一生，她极少“送”人情，更加极不愿意“欠”他人人情。

与姐姐张爱玲相比，弟弟张子静倒显得单纯得多。他的乳名叫小魁，大眼睛，长睫毛，皮肤雪白，长得很漂亮。又由于是男孩，在家族中深得长辈喜欢。有一次，家里有人谈起一个女人真漂亮，张子静在一旁天真地问：“有我好看吗？”家中的大人们听后纷纷大笑起来。

童年的张子静除了有一副漂亮的长相外，其他什么都不行，还显得很没志气。这一点，张爱玲在其后的散文中多有感慨。那时张子静多病，吃东西都受节制，而他却非常馋嘴，即使看见人嘴动，也非让别人张开嘴看看有什么东西。生病了，他哭着要吃松子糖。大人在糖里加了黄连汁，喂他吃，想让他断了念想。张子静大哭起来，把一只小拳头塞到嘴里，仍然要吃。于是大人又在拳头上涂了黄连汁，张子静吮吸着拳头，哭得更厉害了。

在天津，张家也有不少亲戚，被张爱玲唤作二大爷的这位张人骏，是清朝的最后一任两江总督，从辈分上看，是张爱玲祖父张佩纶的堂侄。女佣人经常带着她到张人骏家中串门。每次张爱玲都要先被带到一个光亮的小房子里，一个高大的老人坐在房中的藤椅上，拿着线装书默默地看着。

小张爱玲脆脆地叫一声“二大爷”，张人骏总会习惯性地问一句：“认了多少字？”这时候，张人骏便会让张爱玲背诗，她就很愉快地背诵从母亲那里学来的一知半解的唐诗。而每次背到“商女不知亡国恨，隔江犹唱后庭花”的时候，张老爷子总会黯然流泪。而那时的小张爱玲并不知道，老人的眼泪为何而流，直到后来才慢慢了解。

张人骏的孙女，比张爱玲要大十几岁，长相清秀，戴着厚眼镜，张爱玲叫她妞大侄侄，两人经常在一起玩。后来，妞大侄侄嫁给了一个患有肺病的穷亲戚，生下的孩子也患有肺病，生活很不顺利。

随着张爱玲姐弟俩渐渐长大，家里还给他们请了私塾先生，一天读到晚，学习生活也比较枯燥。在读到“太王事獯于”时背不下来，张爱玲把它改为“太王嗜熏鱼”，才最终记住了。那段时间，她常为背不出书而苦恼，更苦恼的是，父亲还会不定期地抽查。

在天津度过的童年生活对于张爱玲来说印象深刻，这是她印象里的第一个家，也是她一生传奇的开始。

3. 父亲出轨，母亲赴欧留学

转型时期的人物有着两面不同的人生相，这毫不奇怪。某些习俗，可以在某个角落里繁衍日久，迄今不绝。事实上，文化之脉并不会因政治的鼎革，在一夜之间停下脚步，它始终会以自己的节奏影响世人。这种潜移默化的力量，往往是那么强大。

张爱玲的父亲张廷重，是典型的转型时期的豪门二代，出身无用了，失去了上进之阶，家族的二代后裔靠祖产虽还能锦衣玉食，但却是坐吃山空。繁花凋落的家族，实际上是很可悲的。在民国初年，有成千上万这样的家庭，如百足之虫，死而不僵。

而张爱玲，则是那些面容苍白的老宅中众多孩子中的一个。虽然物质生活上还有前朝的富丽繁缛，却总像蒙了灰的铜饰，窗外的阳光即使能够照耀一下，却反射不出一点有生机的光芒，难免令人沮丧。

众所周知，从政治上退出主流地位，也就意味着永久地走入灰色地带。在角落里，他们这些落寞的豪门二代或醉生梦死，或牢骚满腹，或惊恐不安，却很少有人能绝然奋起。张爱玲，血缘的线，身世的锁，牵住了她，她虽然从小就看得见外面明丽的天地，却冲不出、飞不走。

仔细分析张爱玲的父亲张廷重，他是跨越了中国近现代巨变的一个人。时代在上演轰轰烈烈的正剧，对很多人来说可能是个福音，而对旧官宦家族遗孑来说，却不折不扣是一场个人悲剧。他的一生就像断了线的风筝，再也没能找到方向。

幼时，张爱玲对父亲种种不合时宜的举止便有很深刻的印象——那是一个神态沉郁的夫子，终日绕室吟哦，背诵如流，滔滔不绝，一气到底，末了拖起长腔一唱三叹，算是作结。然后沉默踱步，走了没两丈远，又起头吟诵另一篇。听不出那是古文、八股范文，还是奏折，总之从不重复。

末世人物有他们割舍不了的精神寄托，这份情感在外人看来总是可怜兮兮的，因为那毫无意义。虽然张廷重受清末维新之风的熏陶，学过英文，能读会写，但是终究没有走出宅门去谋生就业。因为，做生意外行，亏不起；当官，步入政界，更是不行。

在畸形家庭里成长起来的张廷重，自然也就跟这时代的气息一样，新旧杂陈。一方面，他自认为是新文明的同道中人，并不抵制时新的观念。他爱看白话文的平民小报，甚至还买过大部头的《胡适文存》，乐于阅读翻译过来的西洋小说，喜欢购买进口的名牌轿车。但是另一方面，旧时代延续下来的惯性，仍是主导了张廷重的人生。这位遗少，虽被母亲严厉管教，但成人之后，旧派士大夫的嗜好一样也不少——吸大烟、纳妾、嫖妓、赌博等等。

张爱玲父亲张廷重和母亲黄逸梵的婚姻是旧社会门当户对的传统婚姻，这种婚姻在20世纪早期西方思潮从多个层面渗透中国之时，已经不再处于“超稳定结构”之中了。

作为遗少的张廷重，陈腐享乐思想根深蒂固于内心，事实上，他的思想大于行动，享受重于奋斗。没到天津之前，他还有在上海的兄长约束，可一到了天津，却是一点顾忌都没有了，于是便尽情地挥霍，这个遗少的生活重心被抽大烟和养姨太太占据了。

张爱玲的母亲黄素琼（后改名逸梵），像外国人，头发不太黑，皮肤也不白，深目高鼻，薄嘴唇，有点像拉丁人的后裔。她也是一位名门之后，是清末首任长江水师提督黄翼升的孙女、广西盐法道道员黄宗炎的女儿。张廷重在母亲去世三年后，迎娶了这位黄军门家的千金，结婚成了家。

后来，黄素琼这位很有个性的女子，成为了张氏家族里的一个异数。她气质上很有乃祖之风，总是对自己的命运进行大胆的选择，经常听人说“湖南人最勇敢”，她的人生轨迹毋庸置疑证明了这一点。诚然，母亲不妥协的性格，对张爱玲的成长产生了很大的影响。

黄素琼虽然出生在大宅门，没上过新学校，还缠过脚，不过却受到了较彻底的新文化熏陶。她拒绝陈腐，渴慕新潮，崇尚女子独立，不甘心依附于男人。张爱玲在晚年谈到母亲时，说母亲是“踏着这双三寸金莲横跨两个时代”。张爱玲从小就听家人议论，说母亲素琼由于没上过学，所以是个大大的“学校迷”，然而上学的事，“在于她却纯是梦想和羡慕别人”。不过人生总有出人意料处，这个勇敢者后来不仅圆了上学梦，1948 年的时候还在马来亚侨校教过半年书，再次令人瞠目结舌。

在上个世纪初民智开启的背景下，像这样的女子，即使在历史上无名，也足以令人敬佩！显然，黄素琼与张廷重的价值取向不同，当然也就看不惯丈夫那种醉生梦死的活法。她劝诫过也干预过，但因觉无力唤回，于是就转入消极抵抗。

既然家庭生活不幸福，母亲也就只能从其他方面寻求补偿。在那段日子里，黄逸梵经常和张爱玲的姑姑张茂渊一同逛街，大肆消费，挑选各种布料，回来后在大镜子前裁剪、比试。然而这时候，父亲张廷重会皱起眉头，在一旁小声嘀咕表示不满，然而由于自知理亏，也并没有太多勇气去斥责，只是怏怏不快而已。

作为新女性的黄逸梵看着丈夫越来越出格的举动，已经无法“睁一只眼，闭一只眼”，她认为情况不能这样一直维持下去了，便向丈夫摊牌，郑重提出要过正常的家庭生活，明确禁止丈夫抽大烟和养姨太太。而张廷重是一脸诧异，断然拒绝了。面对如此不求上进、不知悔改的丈夫，黄逸梵认为这个家是待不下去了，她想出走，成为娜拉，要走得远远的，离开这个伤心难过的地方。然而这虽然只是一个想法，但黄逸梵心意已决，在她看来，剩下的就是时机问题了。

后来，张爱玲的姑姑张茂渊要出国留学，母亲黄逸梵便以监护陪伴为名，顺理成章地偕同而去了。

临别那天，张爱玲的母亲黄逸梵伏在床上痛哭，弄得周围人不知所措。佣人几次前来催说已经到时候起程了，她仍是哭，好像没有听见，不理会佣人。当佣人把张爱玲抱到黄逸梵面前，让她也帮着催时，黄逸梵的声音哭得更大了，似乎要把所有的委屈都倾泻出来。当时只有四岁的张爱玲显然被吓着了，但她却没有哭。后来，“寡情”的张爱玲回忆起那段生活，“最初的家里没有我母亲这个人，也不感到任何缺陷，因为她早就不在那里了。”客观地讲，黄逸梵的出走与张廷重在外面包养姨太太有很大关系。那个姨太太是个妓女，名唤老八，其实比张廷重还大两岁，有着苍白的瓜子脸，相貌并不出众。

事实上，在母亲黄逸梵出走前，张爱玲也是见过这位姨太太的。那一次，张廷重要带着女儿去姨太太居住的小公馆，张爱玲觉得这是对母亲的不忠，拼命扳着门不肯去，还手脚乱踢。张廷重生气了，把她横过来猛打了几下，终于还是抱了过去。不过张爱玲倒也“入乡随俗”，到了姨太太那边，看见很多新奇玩意儿也就不闹了。而且由于姨太太的热情敷衍，那天，张爱玲很高兴，吃了很多糖，交流也十分容易。

悲哀的是，母亲出洋之后不久，姨太太就直接搬进了张家。一时之间，家里变得异常热闹，姨太太有很多名目的姐妹们，常常来家里举行各种宴会，而小小的张爱玲就喜欢躲在帘子后面偷看她们。

成年后，张爱玲还记得有一对十六七岁的姐妹坐在同一张沙发上，留着长刘海儿，穿着一色的玉色袄裤，雪白地偎依在一起，像是生在一起似的。

显然，常人喜欢关注的东西，张爱玲通常都是"盲视"，而那些普通人不在意的地方，张爱玲反而会留下深刻印象。或许她真是注定要成为"天才"的。

这位姨太太，不知为何不喜欢小煐的弟弟，也许因为弟弟是将来家产的继承人吧。为了特别凸显这个态度，她就反过来抬举小煐，每天晚上带小煐到"起士林"去看跳舞。坐在桌边，小煐惊讶于"面前的蛋糕上的白奶油高齐眉毛"，然而她却能把一整块蛋糕全吃了。而后，在那微红的黄昏里渐渐打起盹，照例到后半夜三四点钟，才由仆人背着回家。

姨太太还为小煐做了一套雪青丝绒的短袄和长裙，说："看我待你多好！你母亲给你们做衣服，总是拿旧布料东拼西改，哪儿舍得用整幅的丝绒？你喜欢我还是喜欢你母亲？"小张爱玲自然满心欢喜，毫不犹豫地答道："喜欢你。"

对这件事，成年之后的张爱玲仍感到"耿耿于心"，好像不该那样见利忘义，而且那是她当时真实的想法，"并没有说谎"。是啊，童年的小张爱玲毕竟是个孩子，如此童真童趣的她想必自己也会时常怀念的吧。

不过，姨太太毕竟是另一路人。她用了些心机，但终究也融不进这个家，反而给公馆带来了一股戾气。据张爱玲回忆说："姨奶奶住在楼下一间阴暗杂乱的大房里，我难得进去，立在父亲烟炕前背书。姨奶奶也识字，教她自己的一个侄儿读'池中鱼，游来游去'，恣意打他，他的一张脸常常肿得眼睛都睁不开。"

不仅如此，姨太太用痰盂砸破了张廷重的头，直闹到张家的族里有人不能容忍，出面施加压力，要逼她离开。后来，姨太太终于被赶走了。小张爱玲坐在楼上的窗台上，看见两辆塌车从大门里缓缓出去，装着姨太太带走的银器家什。仆人们厌恶她，都说：“这下子好了！”

这样的一个女人，走得这样平静，大约是从张廷重那儿索要到了足够的补偿。而在张爱玲八岁这一年，家里陆续发生了一连串的变化，让她的童年产生了更多波澜。

4. 重返故土，到底是上海人

姨太太被撵走后，父亲张廷重紧接着就把家从天津迁回了上海。据弟弟张子静晚年透露，搬家的缘故大概是，父亲张廷重的饭碗不保了！

实际上，铁路局的英文秘书本是个闲差，又是在堂兄直接管辖的单位里，就更是近水楼台。张廷重于是经常不去上班。这本无问题，因为人家总要看大官的面子，但是他又吸鸦片、又嫖妓、又与姨太太打架，闹得丑闻远播，免不了要影响到堂兄的官声。

待到 1927 年 1 月，张志潭被免去交通部总长之职，张廷重也就失去了遮凉大树，没法儿再做下去了。丢了这平生唯一的一份“官差”，张廷重受的刺激不小，决心痛改前非。他写信给妻子黄逸梵，答应戒鸦片、赶走姨太太，并保证今后不再纳妾，央求她回国。

黄逸梵同意了。她之所以愿意回来，一是对挽救这场婚姻还抱有幻想；二是出去久了，总还是思念孩子们。对张爱玲来说，回上海的旅途是快乐的：“坐船经过黑水洋绿水洋，仿佛的确是黑的漆黑，绿的碧绿，虽然从来没在书里看到海的礼赞，也有一种快心的感觉。”

初回上海，他们三人先是住在武定路一条弄堂的石库门房子里，等母亲和姑姑回来。到上海后的所见，也让她欣喜：“坐在马车上，我是非常侉气而快乐的，粉红地子的洋纱衫裤上飞着蓝蝴蝶。我们住着很小的石库门房子，红油板壁。对于我，那也有一种紧紧的硃红的快乐。”重回上海市，八岁的小张爱玲望着千种繁华的大上海，竟莫名地兴奋起来，或许她本来就属于这里。

不久，母亲黄逸梵回国了。在出洋的四年里，她学习了音乐、绘画以及戏剧等。虽然这些都并不是非常系统的学习，但却足以扩大她的眼界，增长她的见识。而经历的漂泊之苦，对于初出家门的新女性来说，也只有她本人深刻体会了。接到丈夫的信，黄逸梵或许是找到了一个台阶，或许是淡忘了之前的家庭争吵，又或许是放不下一对儿女，总之她回来了。

母亲回来那天，张爱玲吵着让女佣给她穿上小红袄，这是她自认为最漂亮的衣服。看来对于这个见面，她还是很重视的。可是黄逸梵一见到她，第一句话就是：“怎么给她穿这么小的衣服？”一下子使得张爱玲很郁闷。然而不久，母亲就为她添置了新衣，把她打扮得漂亮极了。这时，父亲确实也想改好，他到医院接受治疗，戒除毒瘾。

张爱玲一家人又搬到了宝隆花园的一所欧式洋房里去住，那里有狗、有花、有童话书，还有很多亲戚朋友。客厅里铺着玫瑰红的地毯，椅子上覆盖着蓝色的椅套。母亲还吩咐人给张爱玲姐弟俩重新装饰了房间，姐姐房间的墙壁是橙红色的，成年后的张爱玲仍记得这一细节，因为她觉得这种颜色温暖而又亲近。或许这种感觉是童年的她最需要的。总之，她对当时的一切都非常满意，她希望过一种安稳的生活，从小就希望。但生活对这个临水照花的女人显然并不眷顾，这也许就是一种令人扼腕神伤的宿命。

从这时候起，母亲开始关心和干预她的成长了，给她做了合身的新衣，让她学绘画、弹钢琴、学英文。张爱玲后来曾慨叹：“大约生平只有这一个时期是具有洋式淑女的风度的。”

有母亲在身边的日子，像一连串琶音一样，轻快、跳跃，新的、来自西洋的那种昂扬的浪漫气无处不在。家里的气氛也一下子变得欢愉起来，欢愉得有点不真实。妈妈、姑姑还有一个胖的伯母经常在一起谈笑，她们喜欢坐在钢琴凳上模仿电影里的恋爱情景。这时，张爱玲就在旁边看着，时常大笑起来，兴奋地在狼皮褥子上滚来滚去。一切都显得那么美好，这一段光阴是张爱玲童年时期最开心的日子。

回国后的母亲，对国内的新事物仍然着迷，一回来就订阅了不少杂志。当时的《小说月报》上，正登着老舍写的小说《二马》。杂志每月寄到了，母亲就坐在抽水马桶上看，一面笑，一面读出来，小煐就靠在门框上笑，母女俩有会心之乐。

后来，弟弟张子静撰文回忆："姐姐偶尔侧过头来看着，对我俏皮地笑一笑，眨眨眼睛，意思似乎是说：'你看多好！妈妈回来了！'"每读至此，都让人不胜唏嘘，这个天使仅仅就要求这些。这种快乐，张爱玲是要与人分享的。她兴冲冲地给天津的一个玩伴写信，描述新房子、新生活，足足写了三页信纸，而且还配了图。可惜人家没有回信，可能是不喜欢她这样炫耀。

接受诸多艺术熏陶的张爱玲也变得多愁善感起来，充满着忧郁的感伤。看到书里夹一朵花，听妈妈说花的历史，她竟然掉下泪来。妈妈见了，就对弟弟说："你看姐姐不是因为吃不到糖而哭哟！"一被夸奖，张爱玲高兴起来，眼泪也没了，觉得很不好意思。然而现世终究难以安稳，这也是张爱玲所不能得的。

九岁的张爱玲，这时竟然开始考虑终身的事业了，是做画家呢，还是做音乐家？后来她看了一场关于贫困画家的电影，大哭一场，死了做画家的心，决心做一个钢琴家，因为钢琴家能在富丽堂皇的音乐厅里演奏。

母亲说："既然是一生一世的事，第一要知道怎样爱惜你的琴。"张爱玲用的琴，琴键一个个雪白，没洗过手不能碰，每天还要用一块"鹦哥绿"绒布细心擦拭……

张爱玲深知是母亲带来了这一切充沛之气，因此更加珍惜有母亲熏陶和陪伴的日子。也正是因为有母亲，张爱玲更加的喜爱这新居；又因为母亲从英国来，她又开始喜欢英国了，正如她后来的作品中所说：“家里的一切我都认为是美的顶巅。蓝椅套配着旧的玫瑰红地毯，其实是不甚谐和的，然而我喜欢它，连带的也喜欢英国了，因为英格兰三个字使我想起蓝天下的小红房子，而法兰西是微雨的青色，像浴室的磁砖，沾着生发油的香，母亲告诉我英国是常常下雨的，法国是晴朗的，可是我没法矫正我最初的印象。”

然而，“英格兰”如何就像“小红房子”？“法兰西”又如何像“浴室的磁砖”？无道理可言。这样的联想，便是张爱玲童年那倏忽一闪的天赋之思吧。

5. 短暂幸福之后家真正破碎

世事变化总是超出人们的想象，也因此增加了许多不期而至的难题。张爱玲也遇到了同样不开心的事情。好景不长，过了一段舒心日子之后，父母的关系又开始变僵了。

起因是父亲禁不起诱惑，又抽起了鸦片。对张爱玲来说，父亲的本性是与生俱来的“恶之花”。因为想要证明自己的爱与改变，他曾经对母亲发誓过要重新开始。可是时间让所有的海市蜃楼消失无形，也让所有的真相最终浮出水面。伪装总是坚持不了太久，原来的那个父亲又回来了，带着他的遗少臭脾气，打算想法子弄光母亲所有的钱。这个懦弱的男人只想到了这样一种可怜的维护家庭的方式，他不拿出生活费，要张爱玲的母亲用自己的钱补贴家用，想着把她的钱花光了，那时她要走也走不掉了。

其实，张爱玲的父亲还没有不堪到挥霍无度的地步。他对于“衣食住”都不讲究，单只注意一个“行”字，在汽车上肯花点钱。他弄光她的钱的动机，无非要把他那位有点新思想的妻子拴在家里。

然而，受过西式教育的黄逸梵怎么会吃他这一套，据理力争，丝毫不向好吃懒做的丈夫示弱。于是夫妻间激烈的争吵又开始了。仆人们也吓慌了，连忙把张爱玲姐弟拉出去，叫他们乖一点。张爱玲和张子静默默无语，在阳台上静静地骑着三轮小脚踏车，似乎各有心事。

在以后的日子里，这种争吵就成了家常便饭。有时张爱玲和弟弟在院子里逗狗玩，突然就能听到楼上父母的吵架声，以及东西摔碎的声音。这种家庭气氛究竟对孩子们产生了多大影响？答案不好猜测，但张子静的回忆还是留下了线索："姐姐从来没有对我说过她的感受，但我相信，她那时也一定是害怕的。"无休止的争吵之后，便是身心俱疲。

这时，黄逸梵终于下定了决心，她不能也不想维持这段婚姻了。于是她聘请了一名外国律师，负责与丈夫协议离婚。张廷重本来不想离婚，但大势已去，也只能答应。办手续的那天，他在屋子里来回走动，拿起笔要在离婚协议书上签字，又几次放下了。那个外国律师倒是看不下去了，打电话询问黄逸梵是否有商量的余地。黄逸梵只幽幽地说了一句话："我的心已经像一块木头！"听闻此语，张廷重才彻底放弃幻想，签了字。

根据协议，张爱玲姐弟归父亲抚养，但张爱玲的教育问题要征得母亲的同意。这一年是1930年，母亲搬出了宝隆花园的洋房，住进了上海的法租界。张茂渊因为看不惯张廷重的所作所为，也一向意见不合，于是搬出去与黄逸梵同住了。

张爱玲对这一幕的印象实在是太深刻了，后来她提到父母的离异时带些幽默地说："虽然他们没有征求我的意见，我是表示赞成的，心里自然也惆怅，因为那红的蓝的家无法维持下去了。"她不愿意看到他们这样争吵下去。幸好离婚书写明，她和弟弟可以常去看望母亲，这多少也算是一种安慰了。

离婚对父亲的打击倒是不小，他更自暴自弃起来。鸦片不过瘾，他开始打起吗啡来，而且专门雇了一个佣人给他打。渐渐地，父亲神经都有点不正常了，亲友、佣人们都害怕他，躲得远远的。他经常独自坐在阳台上，目光呆滞，嘴里嘟哝着什么。后来还是姑姑强

制把他送到医院戒毒，大约治疗了三个月，父亲才保住了一条命，不过鸦片还是要抽的。

耳濡目染，在张爱玲后来的文学作品中，有着遗少脾气的男人都想法子弄光女人的钱。大概，在张家这样大的家族里，这样的男人并不少见吧。

在张爱玲懂事以来，这是第一次，父亲、母亲、姑姑、弟弟还有自己生活在同一个屋檐下。原本以为，母亲的回归会让"红的蓝的"家更加明亮。然而，父亲笼罩下的张家有一种阴暗的氛围，窗明几净的大房子，一点一点暗下去，暗下去……这里变成一座孤岛，四周是浩渺的海水，没有人烟，没有思考。一种近乎疯狂的绝望笼罩在父亲的家里，她失去的，不仅是母亲的爱，还有一瞬间已经占据她心灵的现代文明生活。

如今，已经无法分辨张廷重这样的做法到底是对妻子的爱，还是一个贵族遗少的自尊心不能允许妻子做"第一代出走的娜拉"，或许两者都有吧。爱与恨，黑与白，是与非，并不似考题一般有着分明的对与错。生活中的事情，有着许多暧昧不明的灰色地带，张廷重和黄逸梵之间的感情就处于这样一种情况，剪不断，理还乱，千头万绪，难以言明。张爱玲的母亲冰雪聪明，自然很快明白了父亲的用意，所以两人为此发生了激烈的争吵。没有爱的争吵，每一句话都赤裸裸地伤害着对方。这段婚姻的不幸即将走到尽头。

还不到十岁的张爱玲，很早就领略到了无爱婚姻的不幸。幼小的心灵留下的童年阴影，让她对婚姻充满了恐惧与不屑。婚姻，不过是一种关系的象征，相较于这种象征，她更看重爱。

无休止的争吵终于结束了，世界似乎都安静了下来。她和弟弟再也不用战战兢兢，如临深渊，如履薄冰。虽说父母离婚后她的生活仍然充满了不愉快，成名以后她却不止一次地在纸上、口头上坚持提醒人们，父母离了婚的孩子并不像人们想象的那样不幸。大约在张爱玲的心里，虽然得不到完整的家庭的温暖，至少无须随时担心突如其来的争吵，这真的已经足够了。

父母的离异于张爱玲的生活是一个转折。从此，在张爱玲的印象中，家庭生活的色彩黯淡了下去。在母亲的家的映衬下，她感受到了父亲的家的束缚、封闭，她说父亲的家有一种颓丧的色彩。

而后，母亲再次离开去法国。张爱玲在当下其实并没有难过，母亲到她住读的学校看她，她没有惜别的表示，母亲也像很安然。一直等到母亲出了铁门，张爱玲一个人站在校园里，隔着高大的松杉远远望着关闭了的红色铁门，风中的夕阳，把她的影子拖得很长很长，可还是漠然。站了良久，她觉得眼前的场景需要眼泪，于是眼泪来了。她在寒风中大声地抽泣，她哭给自己看。

从小到大，她和母亲一起的生活极其有限，她喜欢母亲，是因为喜欢母亲生活里西式的气氛和情调，并不是一个女儿对妈妈的依恋。既然“最初家里没有我母亲这个人，也不感到任何缺陷”，现在也不过是回复到原先的状态。母亲这一次的短暂出现，不过是让家里旧式的窒息生活生出一种年轻人的夸张和激情。

她曾经这样描写自己的感受：“父亲与继母结婚之后，我们家搬到一所民初式样的老洋房里去，本是自己的产业，我就是在那房子里生的，房屋里有我们家太多的回忆，像重重叠叠的照片，整个的空气有点模糊。有太阳的地方使人瞌睡，阴暗的地方有古墓的清凉。房屋的青黑的心子里是清醒的，有它自己的一个怪异的世界。而在阴暗交界的边缘，看得见阳光，听得见电车的铃与大减价的布店里一遍又一遍吹打着‘苏三不要哭’，在那阳光里只有昏睡。”“那里什么我都看不起，鸦片、教我弟弟作《汉高祖论》的老先生、章回小说，懒洋洋灰扑扑地活下去……父亲的房间里永远是下午，在那里坐久了便觉得沉下去，沉下去。”

事实上，对于张爱玲而言，父亲的家是迟暮，母亲的家是晨起

的第一缕阳光。自母亲回国后，张爱玲就是母亲式生活的忠实追随者。得到了复又失去，她看得见阳光，听得见窗外的车水马龙，可她走不出去，只能转身面对浑噩的瞌睡、灰扑扑的旧照片，游走在阴暗与光明交界的边缘。不过，她一直深深记得，母亲是含恨远游欧洲的，红色铁门外边，她离去的背影孤独而落寞。

6. 十岁才入读新式学堂

父母离婚后，张爱玲和弟弟就跟着父亲过着吃吃喝喝、懒懒散散的生活，日子就这样平淡无奇一天天地打发着。有时父亲高兴了，也会给他们讲点古典诗词、小说，而且还亲手修改他们的习作，但这种时候并不多，更多是呵斥打骂。

其实，张爱玲早到了入学的年龄，黄逸梵再也坐不住了，她担心荒废了儿女的学业，闹离婚的时候就曾向张廷重提出要让孩子们到新式学堂上学。如此两年后，也就是 1930 年，黄逸梵又下了决心，要干预女儿的教育问题了——她要送女儿进新式的学校，让孩子有本领走进一个新世界。

母亲没受过正规教育，尝尽了男女不平等之苦，她不想让女儿重蹈覆辙。因此她对女儿的爱，也就特别地集中在教育上。但父亲张廷重坚决不肯，倒也不是心疼钱，他想让孩子在家接受传统私塾教育。母亲回国后，两人为此多次争吵过。现在重提这事，父亲还是大闹不依。

有一次，黄逸梵瞅准了一个合适的机会，就像拐卖幼儿的人贩子一样，把张爱玲从家里偷带出来。她连忙把张爱玲送到了上海黄氏小学，想来个木已成舟。因为她先前已有知识基础，所以一进去，就入六年级插班。这一年，她已是十岁了。

在填写入学证的时候，黄逸梵愣住了，不知道填什么名字好，可能觉得女儿原本的名字太土气，支着头想了好一会儿。最终黄逸梵还是没想好，于是打算先暂时胡乱取一个，以后再好好想想。她随手写下了“张爱玲”三个字，写完后还自我解嘲似的撇撇嘴。很明显，黄逸梵不满意这个名字，但是她想不到十几年后，这个随手写出的名字将响彻大上海的文坛。其实黄逸梵以后还是嫌这个名字太俗，每每想改个好听的名字，但最终都放弃了。

再后来，张爱玲自己也不想改了，尽管她极不满意。在杂文《必也正名乎》中，她说到了自己的一个心结——“我自己有一个恶俗不堪的名字”。在文章中，她对自己的名字做了一番调侃后，半是认真地说：“我愿意保留我的俗不可耐的名字，向我自己作为一种警告，设法除去一般知书识字的人咬文嚼字的积习，从柴米油盐，肥皂，水与太阳之中去找寻实际的人生。”

她这个说法，实际上是一个相当认真的文学宣言。张爱玲就是凭着描画“实际的人生”的本领，使得众多的读者对她感到亲近。

事实上，这是张爱玲第一次接受正规的学校教育，应该说，在这所小学里，张爱玲多方面的能力都得到了培养，特别是写作技巧方面。张爱玲是住宿生，每个星期只回一次家，都是家里的司机把她接回去。相反的，弟弟张子静可就没那么幸运了，因为他是儿子，是父亲重点“培养”的对象，母亲是无法让他进入新式学堂的。姐姐去了学校，所以多数时候，张子静都要独自面对私塾里的老先生，这样更显得枯燥乏味。他经常听着听着就打起瞌睡来，有时候直接装病不去上课。

读小学期间，张爱玲写了第一篇有头有尾的小说。情节大致讲的是一个三角恋的故事：有一个叫素贞的女子聪明善良，她有一个男朋友叫殷海生，是个花花公子，后来竟然和素贞的女朋友好上了。面对两个人的背叛，素贞伤心欲绝，最后到西湖投水自杀了。写完后，张爱玲很得意，还拿给母亲看。母亲倒是很认真地看了，而且还具体指出，女主人公要自杀的话，是不会特地从上海坐火车到西湖去投水的，这不符合生活逻辑。这可能是张爱玲较早听到的对自己的“文学批评”，不过一如后来一样，她有自己的情感逻辑，不会轻易为别人改变。张爱玲喜欢诗化的烟雨西湖，她最后仍然坚持在这篇小说里保留这一情节。

尽管已经入读了新式学堂，张爱玲对家里的私塾老师也颇有兴趣。后来，张廷重重新为儿子张子静聘请了一位博学的朱先生。张爱玲每次回家，都要和他谈天说地。

有一次，张爱玲从父亲的书房找到一部《海上花列传》，由于里面的妓女都是用苏州方言讲话，她就缠着朱先生解释。朱先生没有办法，只好捏着喉咙学女声朗读起来，姐弟俩大笑不止。谁又能料到，许多年后，在美国的张爱玲居然翻译了这部小说。

再后来，1931 年夏，天分不错的张爱玲，从黄氏小学顺利毕业，当年入读上海圣马利亚女校。文学才女的传奇之路便渐渐开启了。

7. 童年是什么

有人说张爱玲是没有童年的，她一起步就是少女。话虽偏激，却也有洞见之处。从小，张爱玲就与同年龄层的孩子不一样，显示出了独具特点的早慧气质。

“抓周”是中国的一个传统习俗，要求小孩子过周岁时在一个盘子里抓起一样东西，根据这个来预测其将来的命运和志向。张爱玲也经历过这个东方仪式，令大家扫兴不已的是，在众多的备选物品中，张爱玲的小手拿起的是一个小金镑，而唯有自己的老女仆坚持认为她抓起的是一支笔。以致后来张爱玲也笑称自己从小就很喜欢钱，她毫不掩饰地表示，一学会了“拜金主义”这个名词，她就坚持自己是拜金主义者。或许这一切都源自“抓周”仪式上的那个命运女神的神秘微笑。

三岁就能背诵唐诗的小张爱玲，常引得亲友们的称赞。七岁时，她便开始尝试写小说，遇到笔画复杂的字，她就跑去问厨子怎么写。但小孩子往往是没有耐性的，写着写着就没了心思，没有坚持下去。

同时，她又对历史题材发生了兴趣，于是就写起了历史小说，开头便是“话说隋末唐初时候”。这一篇是在一个旧账簿的空白处写的，簿子宽而短，分成上下两截，张爱玲用毛笔写满了一张。一个亲戚见了，逗笑着说：“喃，写起《隋唐演义》来了。”张爱玲自然是非常得意，可是那时她肚子里的墨水太少，始终只写了这么一张，小说也就无疾而终了。

在天津，有一年大年初一，保姆没有叫醒张爱玲迎接新年，放完鞭炮她才醒。那一次，张爱玲哭闹得很凶，后来她回忆："我觉得一切的繁华都已经成了过去，我没有份了，躺在床上哭了又哭，不肯起来。"然而，母亲在天津的日子过得并不顺，因此经常和姑姑逛街、买衣服。她们喜欢在镜子前试穿衣服，虽然父亲对此很反感，但张爱玲喜欢。她在旁边仰着脸看着试衣服的母亲，也憧憬长大后能像母亲那么漂亮。

那时，她就确立了"理想"："八岁我要梳爱司头，十岁我要穿高跟鞋，十六岁我可以吃粽子汤团，吃一切难以消化的东西。"从小，张爱玲就是孩子王，她喜欢自己拿主意，作出决定。

有一次张家请客，来了很多亲戚朋友，也带了很多孩子。舅舅黄定柱家来了很多女孩，另一个亲戚家带了三个儿子来，最小的儿子生肖属狗，小名叫"哈巴"，长得很可爱。张爱玲和表姐妹们商量之后，突然把哈巴关到楼上的一个小房间里。见此情景，楼下的男孩们几次冲上楼去救哈巴，都败下阵来。虽然有好几个表姐都比张爱玲大很多，但张爱玲却站在楼梯上发号施令，指挥若定，几个男孩都不敌"娘子军"的威力。

姐弟俩在一起玩的时候，姐姐也总是负责指挥的。多年后，张爱玲还撰文回忆："一同玩的时候，总是我出主意。我们是'金家庄'上能征惯战的骁将，我叫月红，他叫杏红，我使一口宝剑，他使两只铜锤，还有许许多多虚拟的伙伴。开幕的时候永远是黄昏，金大妈在公众的厨房里咚咚切菜，大家饱餐战饭，趁着月色翻过山头去攻打蛮人。路上偶尔杀两头老虎，劫得老虎蛋，那是巴斗大的锦毛球，剖开来像白煮鸡蛋，可是蛋黄是圆的。我弟弟常常不听我的调派，因而争吵起来。他是'既不能命，又不受令'的，然而他实在是秀

美可爱，有时候我也让他编个故事：一个旅行的人为老虎追赶着，赶着，赶着，泼风似的跑，后头呜呜赶着……没等他说完，我已经笑倒了，在他的腮上吻一下，把他当个小玩意。”

张爱玲从小就喜欢画画和写作，后来，看见姑姑弹钢琴，她就感叹了一句：“我要是弹得这么好就好了！”虽然只是无心之语，一旁的母亲倒是有心之人。为了培养孩子的艺术才能，母亲连忙送她去学钢琴。母亲对她说：“既然是一生一世之事，第一要知道怎么爱惜你的琴。琴键一个个雪白的，没洗过手不能碰。”母亲每天用一块鹦哥绿绒布亲自揩去钢琴上面的灰尘，并带她到音乐厅去欣赏音乐。

张爱玲从小接受的物质和文化似乎和同龄人是不同的。她一直在追逐和学习着自己喜欢的东西。然而，童年母爱的这种缺失，对张爱玲的性格不可能毫无影响，细算起来是惊心的：从两岁有稀微的记忆开始，两年后母亲就远离；再过四年母亲回来，母女俩相处还不到一年，家庭就解体了。

她一生都对外界采取退缩、警戒和淡漠的态度，应是源出于此。与此相应，她在二十五岁以前的作品，自然地也就表现出一种冷漠色彩。尤其是散文《烬余录》，更是坦率地表露了大学时代的她，在香港沦陷时期的“自私”心态。

第二章　就读圣玛利亚女校，写作天赋露端倪

随着时间的推移，张爱玲渐渐地长大，这个青青树下的灰姑娘，开启了人生中最重要的年华。

就读圣玛利亚女校，是张爱玲文学传奇中浓墨重彩的一笔，写作天赋初露端倪的她，遇到了良师益友，那肆意流淌的文学梦就这样开始了。

1. 并不愉快的中学生活

“中学时代是不愉快的，那时候很压抑，不大愿说话。”张爱玲后来总结时说道。究竟怎样的人生经历和体验让她觉得自己过得并不愉快？

通过了解她的中学生活和际遇，可以知道，这种不愉快，只是一个总体的感觉，且主要是后母造成的。而她中学生活的细节，还不至于全都一塌糊涂。

中学时代的张爱玲，也如其他普通的小女生一般，拥有着简单的快乐。她喜欢吃零食，每次带弟弟出去，都少不了要买很多零食，尤其是爆玉米花和紫雪糕。她喜欢吃家中一个老女仆做的山芋糖，只要周末一回到家，那老女仆就会做给她吃。

她常和表姐妹们一起逛街、看电影。在这种时候，她都显得格外开朗活泼，特别是和三表姐黄家漪聊起天来，就更是嘻嘻哈哈，乐不可支。同样的，她也渴望成熟与享受。在中学时代，她画了一张漫画投到英文《大美晚报》上，报馆给了她五块钱稿酬，她便立刻去买了一支小号的丹琪唇膏，但却遭来母亲的嗔怪，问她为何不把那张钞票留着做个纪念……

然而，因为家庭环境影响，张爱玲在遇到年龄比她大的或陌生人时，她一向话少，只有和表姐妹们或要好的同学在一起，话才比较多。但是有一个例外，就是谈起她所喜欢的小说、电影、戏剧等话题，就忍不住逸兴飞扬，滔滔不绝。后来她跟弟弟谈话，也多是这类内容，很少谈到俗事。

因为太爱看书，与书籍作伴为乐的她，在中学时眼睛就近视了，戴了一副淡黄颜色镜架的眼镜。那时张爱玲人很瘦，又很高，衣着随便，但整个人透出一种书卷气，沉静肃穆，给人的感觉不是一个普通女孩。

与众人不同的张爱玲，在写作上常常展现出极大的天赋，也受到很多人的赞美和欣赏。另外，博学的她对于美的要求也很高，很多时候，她是孤独的，她需要的是真真正正的审美知音——人群中很稀少的那种。由此说来，张爱玲的性格，在中学时就已经基本形成，后来也没有太大的改变。她性格内向，审美天赋很好，不大注意俗务。

她所读的圣马利亚女校，和圣约翰大学附中一道，为当时沪上最著名的两大美国基督教教会学校，创立于1887年，到那时已建校四十四年了。师生们很为这所学校而自豪，她们亲切地简称自己的学校为“圣校”。

这里的学生，每年都有因不堪课程压力和管制严格而退学的，但张爱玲似乎游刃有余，各科成绩都是甲或A。而且，在这里她还发展了自己的多方面爱好。另外，值得一提的是，这个女校的毕业生，一般会成为买办或者外交官的太太，独立一些的，将来可能会成为交际明星，或者出洋去深造。很显然，张爱玲似乎与她们不同。

学校的课程，分为中英文两大部分。中文部设置了国文、国史和中国地理三科，担任教师的，初中部多为师范毕业的中国女性，高中部则多是前清科举出身的遗老。英文部，则设置了英语、数学、物理、西洋史、地理和圣经等课程，全部采用英文授课，教师也全都是从英、美来的，其中以“老小姐”居多。

由于学校是洋人办的，英文教师的待遇自然就明显比国文教师好。英文教师每人都有一间布置考究的书室，以供休息，而国文男老师的休息室，就是收发室而已。张爱玲入校后很长时间内，学校都不大重视“国文”。教她们班级国文的，是一位三十岁的老小姐，不苟言笑。

这位女老师的思维也很刻板，课讲得乏味。一次作文课，她郑重其事地讲，文章开头一定要好，如何如何；又讲结尾也一定要好，如何如何。大家洗耳恭听，只听她又一字一板地说：“中间一定也要好……”不等她说出下文，全班已经哄堂大笑！

如此畸轻畸重，学生们的英文当然都很好，国文水平则不敢恭维。有人连病假条都写不通顺，居然可以写成：“某某因病故请假一天。”张爱玲与大多数同学不同，她热爱文学，也在文学上展现出了异人的天赋。直到后来，遇到了才华出众、对世事很有见地的国文老师汪宏生，这位民国奇女子才真正拥有了文学路上的第一位老师，从此开启了文学之路。

然而，她给汪老师的印象是“不说话、懒惰、不交朋友、不活动，精神长期萎靡不振”。但教师们对她的文名都有耳闻，对她的家庭不幸也略有所知，常在教员休息室议论起她。

她还有个同学顾淑琪，在后来的回忆中所述也大致相同：张爱玲在圣校读书时不活泼、不讲话、不同人交往。班上没有什么好朋友，你主动和她说话，她就应一两句，不大有表情，喜怒哀乐都不大有。个子很瘦，很高，衣服穿起来看上去很大，背伛着。上课拿着书来，下课就回寝室，同寝室又都不是同班同学，所以大家对她了解甚少，连她有个弟弟都不知道，看见她姑姑来给她送过东西。虽然在大课堂上，老师念过她的作文，但谁都没有想到她将来会有名，因为要说文章，班上的张如瑾是写得最好的。和其他同学相比，张爱玲很平常、孤独，看不出才女风采，同学们背后也不议论她。

由此看来，中学时代的张爱玲活在自己的小世界里，虽有文学陪伴但也略显孤独，并不愉快。性格孤僻的张爱玲，除了参加圣校的高级琴会和《凤藻》美术部外，其他的活动团体，如国光会、清心会、体育会、唱诗会、歌咏团等，都不见她的踪影。

这样的女生，给老师和同学们留下的印象，实在是很淡薄。天才在少年时，未必就是天才。中学时代的她，还是一位灰姑娘，低调得似乎有些近于自虐，但她的个性棱角与不从流俗，也时有表现。这大概就是她的过人之处吧！

张爱玲在《心愿》一文中，提到了校园中的梅林、纵横小路和古老钟楼，似有无限的留恋。她写道，“那钟声仿佛在说：‘与全中国其他学校相比，圣马利亚的宿舍未必是最大的，校内的花园未必是最美丽的，但她无疑有最优秀、最勤奋好学的小姑娘……’”

“昔我往矣，杨柳依依。”张爱玲不大喜欢她的中学时代，但对这个地方，恐怕还是偶尔有梦回之时吧？

2. 文学路上第一位老师汪宏声

1936年的秋天，那是张爱玲中学生涯的最后一个金色时节。当时，学校新聘了一位国文教师汪宏声，在中文部担任教务主任一职。同时，他还兼任张爱玲所在班级的国文课。从那一刻开始，这位民国奇女子就有了文学路上的第一位老师。

那个时候，“国文”相当于今天的“语文”，自然涉及到写作。事实上，直到1956年的时候，中国内地的课本仍然保留着这种称呼，只是后来才做了改变。“国文”这个名字十分贴切，也准确表达了这门课程的文化内涵。

汪宏声才华出众，对世事很有见地，这在一定程度上帮助了张爱玲。来到学校以后，他立刻对国文课的教法做了改革，并且为图书馆增添了中国的书报杂志。显然，这位老师力图重振国文的声威，扭转校方在这方面用力不足的遗憾。

一个晴朗的日子，汪宏声给学生们上了第一堂作文课。当时，他在黑板上为大家出了两个题目，一是《学艺叙》，二是《幕前人语》。看到这里，学生们一片哗然，议论纷纷。根据以往的经验，老师安排的作文题目大多是立志性，引导学生从小知耻、求知，去开创自己的人生格局。并且，以前写作文都是按照新八股的路子进行，像汪老师这样谈艺术的题目还是第一次出现。

对此，汪宏声给学生这样解释：“第一个题目，是写学习钢琴和唱歌的感想，把内心的感悟表达出来；第二个题目叫《幕前人语》，实际上就是写影评，谈谈对某部电影的体会。”接着，他还说不必拘泥于这两个题目，甚至鼓励同学们自己命题，自由地表达自己的思想和内心感受，而且在写作体裁上也不必限制。一时间，这种无拘无束的写作课让大家耳目一新。

下课之前，作文都交上来了。汪老师发现，同学的文章大多只有短短的二三百字，并且内容全无思想，并没有深入分析，也就无法展示内心的体会了。不难看出，同学们都缺乏最基本的训练，在写作上还有很长的路要走。不过，有一篇作文还是引起了汪老师的注意。这是一篇自命题作文，题目是《看云》。仔细阅读完，只觉这篇文章行文潇洒，词藻华丽，是难得的佳作。作文的署名是张爱玲，于是汪先生牢牢记住了这个名字。

发回作文的那一天，汪先生逐一喊每个同学的名字，接着大家纷纷站起来，拿回自己的作文。念到“张爱玲”这个名字时，汪先生特别留意了一下，想看看这个学生有什么出奇之处。只见从最后一排的座位上站起一个高挑而清瘦的女生，表情看上去有些呆滞，衣着也不那么引人注目。宽袖的衣服穿在身上有些肥大，与当时流行的窄袖旗袍有些格格不入。

接着，汪先生示意张爱玲坐下，然后对这篇作文表达了溢美之词，还当众朗读了一遍。一时间，同学们都投来艳羡的目光，对身边这个不起眼的女生多了几分好奇。换做是别的女生，一定欣喜非常，可是张爱玲始终面无表情，似乎不把这些看在眼里。

有了汪宏声的吐故纳新，学校的文艺空气渐渐活跃起来，同学们的热情也得到了释放。随后，学生们自组了“国光社”，还创办了同仁刊物《国光》。自然，大家一致推举张爱玲担任编辑，不过

这个倔强的女孩子没有答应，只是承诺为刊物主动投稿。一时间，大家在写作上开始投入更多时间和精力，文艺风气日盛。

中学时期，张爱玲并不张扬，甚至为人尤其低调，一度因过于压抑而有自虐的倾向。然而另一方面，这个女孩也有个性脱俗的一面，在某些地方甚至不从流俗，让人印象深刻。

有一次，汪老师收到了一份写给《国光》的稿件，是两首不署名的打油诗。细心推敲，便可断定是张爱玲的“杰作”。

其一：

橙黄眼镜翠蓝袍，步步摆来步步摇；

师母裁来衣料省，领头只有一分高。

其二：

夫子善催眠，嘘嘘莫闹喧；

笼袖当堂坐，白眼望青天。

原来，张爱玲通过诗歌在讽刺两位男老师。那时候，学生写诗“以下犯上”，显得非常不合时宜，甚至相当过火。但是，汪老师却认为学校的气氛有些太严肃了，如果多一点这样的调剂，想必可以活跃气氛，于是同意发表这两首诗。结果，诗歌登报以后引发了一阵热议，甚至一度最后难以收场。两位被讽刺的老师自然知道其中的缘由，其中一人一笑了之，而另外一位却不依不饶，甚至愤然向校长投诉。

最后，校长没办法，只好找来汪老师和《国光》的编者，提出了三个处理建议，让他们自选。这三条建议是，向受辱的老师书面道歉，或者让《国光》报停刊，最后是不予张爱玲毕业。万般无奈之下，汪老师只能同意书面道歉，才了结了此事。

在汪宏声老师的教导下，张爱玲对写作有了深刻的理解，对文字的驾驭也渐入佳境。可以说，她找到了文学路上的第一位启蒙老师，而后在这条路上越走越远。一旦文艺的才华被激发，就没有终止的那一刻。日后，张爱玲蜚声海内外，不知汪宏声老师又作何感想呢。

中学时代是一个人最年华璀璨的时刻，张爱玲也在学校里度过了终生难忘的日子。当时，她在同学中并非只靠文采出名，还有许多其他令人印象深刻的奇闻趣事。比如，张爱玲记性欠佳，经常忘了按时交作业。有时候老师问起来，她总是毫无愧色地说“我忘啦”，露出一副无辜的样子，让人无可奈何。

有一次，汪宏声老师让张爱玲交一篇作文。按照惯例，她一张嘴就想说“我忘啦”，但是“我”字刚一出口，汪老师便脱口而出“——忘啦”。对此，张爱玲也只是笑笑，并无太多愧意。随后，她交上了《霸王别姬》这部历史小说，才让汪老师消了气。问题是，这只是上部，下部显然是用来充当下次作文作业的。

人们常说，懒人是聪明的。张爱玲以才情出众闻名，同时也有懒散的一面，让我们看到了一个多面的女子。比如，上课的时候，她喜欢坐在最后一排，并习惯用铅笔不停地在纸上画。大家以为她是在做笔记，而实际上是在为老师画速写像。也许，这种不羁的个性正是文学创作必需的要素，张爱玲在她璀璨的年华接受了最初的文学启蒙，一步步迎来了属于自己的黄金时代。

3. 肆意流淌的文学梦

中学时代的张爱玲热爱阅读，多思、内向、敏感，这是她文学创作的孕育时期，中学时期的所学和所得，都是她日后成为名家不可或缺的基本素质。汉语写作有其不可解的特点，凡是成为大家者，性格多有些“怪”，起码是很超脱；而那些八面玲珑、急功近利或太过理性者，不管如何努力，最终也只能是平庸文人。

张爱玲肆意流淌的文学梦，大概是与生俱来的。七岁的时候，她写第一篇小说，情节一波三折，写的是一个家庭的悲剧，有点《三言二拍》的意思。接着又提笔要写《隋唐演义》，起首一句就是“话说隋末唐初的时候”，有石破天惊之效果，令成人都吃惊。

九岁的时候，她开始向《新闻报》本埠副刊投稿，可惜均不见回音。张爱玲后来的散文集《流言》的1945年版，就收录了一封她当年的投稿信，其语一派稚气：“记者先生：我今年九岁，因为英文不够，所以还没有进学堂……”小学时代，她已写过完整的小说，是一个罗曼蒂克故事，被同学们狂热传阅。

上高中那一年，她写过一篇散文《理想中的理想村》，其中勾勒了一个幻想中的乌托邦村庄。这种令人惊讶的想象力显然无法与眼前这个稚嫩的女孩联系起来。里面有一句话，“这里有的是活跃的青春，有的是热的火红的心”，以及对完美社会的憧憬，都显示出作者本人非凡的思想。

而父亲对张爱玲写作上的才能也是很赞赏的，并给与了很多鼓励。有一次寒假，张爱玲仿照报纸副刊的模式，编写了一份以家里杂事为内容的手抄副刊，并且配了插图。父亲看到以后非常高兴，甚至在亲友面前大力炫耀："看，这是小煐做的报纸副刊！"张爱玲上中学后，一回到家，就扎进父亲书房里看书。如果有了读书的感想，也可和父亲聊一聊。

从小就痴迷《红楼梦》，也是张爱玲日后成为中国小说巨匠的因素之一。多年以后，张爱玲回忆说，自己八岁起就看过《红楼梦》，以后每过三四年就要再看一遍。她慨叹"每次的印象各个不同。现在再看只看见人与人之间感应的烦恼。个人的欣赏能力有限，而《红楼梦》永远是'要一奉十'的。"

到了十二三岁的时候，她翻阅家藏的石印本《红楼梦》，竟然看出了八十回之后"狗尾"的不好："看到八十一回'四美钓游鱼'，忽然天日无光，百样无味起来，此后完全是另一个世界。"但是父亲也提醒过她，因为高鹗在官场混过，所以续作中关于官场的刻画，是相当逼真的。对这句话，她一生都牢记在心里。

后来，张爱玲再次阅读《红楼梦》，大概是受了"香菱学诗"这一节内容的触动，竟然有了学做旧体诗的兴趣。对此，她这样回忆道："父亲对于我的作文很得意，曾经鼓励我学做诗。一共做过三首七绝，第二首咏夏雨，有两句经先生浓圈密点，所以我也认为很好了：'声如羯鼓催花发，带雨莲开第一枝。'第三首咏花木兰，太不像样，就没有兴致再学下去了。"

还有一件事很少有人知道，张爱玲在圣马利亚女校时，还用课余时间写过一部章回小说《摩登红楼梦》，有上、下两册。父亲看到后大喜过望，高兴之余拿过笔来，替张爱玲亲拟了六个回目。一个是才气逼人，一个是爱女心切，父女情深令人艳羡不已。

外国文学方面，她看过《琥珀》《失去的地平线》，均是有些奇诡的东西。以上这些书籍均是形成她文学审美趣味的主要来源。

在很长时间里，张爱玲1940年写的征文《天才梦》，一直被认为是她公开发表的处女作。后来经“张学”专家陈子善钩沉，在圣马利亚女校1932年的年刊《凤藻》上，曾登过张爱玲的一则短篇小说《不幸的她》，这才是迄今为止发现的张爱玲最早变为铅字的作品。

《不幸的她》写的是一对亲密的小学女同学，叙述两人在成长过程中的命运离合。这篇小说篇幅不长，文字也稚嫩，但是写离情别绪的那种沧桑感，显出了张爱玲的早熟。文中有些句子，出自一个十二岁的小女生之手，也确有老成气息。比如：“别了！人生聚散，本是常事，无论怎样，我们总有藏着泪珠撒手的一日！”

那一年，正是母亲再赴欧洲之年，张爱玲显是将自己对离别的伤感融入了进去。下一年，她又在校刊上发表了第一篇散文《迟暮》，想象一个迟暮美人在越洋轮船上的孤独。这明明白白是在写自己的母亲。文字上的单薄、唯美，一如前一篇，但有的句子，已然有了些她后来的那种很独特的表述风格。

小小的校刊《凤藻》，成为张爱玲崭露头角的第一个文学平台。之后的几年，她又有《秋雨》《牛》《霸王别姬》等一系列文章，其中引起研究者普遍关注的，是她发表在学生刊物《国光》上的历史小说《霸王别姬》。这篇小说的体裁，是所谓的“故事新编”。汪宏声老师曾对此文不遗余力地赞美，说它“与郭沫若的《楚霸王自杀》相比较，简直可以说一声有过之而无不及，这样努力为之，将来的前途是不可限量的！”

郭沫若的《楚霸王自杀》，是他的一系列历史短篇小说之一，作于他的文学创作盛期，功力不算弱。老师的评价，对张爱玲无疑是莫大鼓舞。《国光》为此文加的编者按，也表达了此意，说这个作品决不会被“文坛巨人的大名”所掩盖。

在小说中，张爱玲并没有宥于《史记项羽本记》所提供的素材，而是把关注点放在了虞姬对未来命运的思考上："假如他成功了的话，她得到些什么呢？她将得到一个'贵人'的封号，她将得到一个终身监禁的处分。她将穿上宫装，整日关在昭华殿的阴沉古黯的房子里，领略窗子外面的月色、花香和窗子里面的寂寞。她要老了，于是他厌倦了她……"

在张爱玲看来，虞姬不是死于对项羽失败的绝望，而是死于对巅峰之后衰落的忧惧。她果决地在这一切可能都还未到来之前，结束了自己。这份见地，又是多么难得。

张爱玲的最后一句话是："我比较喜欢那样收梢。"以一个十七岁的女孩，有这样的奇思，也算是相当不俗了。中学时代的张爱玲，写作天赋初露端倪，肆意流淌的文学梦也从此开始。她与普通的文人不同，她的作品带有灵性，能够感染他人，她的作品就是她自己！

4. 后母是一片挥之不去的阴云

十岁时的小张爱玲，母亲再次远走欧洲，她的命运就如一叶孤舟，该何去何从要靠自己来抉择了。对于自己的母亲，可留恋之处不仅是精神的，还有与欧化都市密切相连的物质环境。这两者的“善”，在她看来是同一的。

而对父亲的家这一面，她则相当鄙视，因为毫无鲜活光彩。张爱玲从这时起，就不喜欢旧文化的形式，在她眼中，鸦片、教她和弟弟做《汉高祖论》的老先生、章回小说等等，都不过是“懒洋洋灰扑扑地活下去”的暗淡投影。

小小年纪的张爱玲已经懂得了辨别。母亲对她来说，是何种分量，小姑娘已经完全清楚了。若断若续的思念，也是一种精神寄托吧。母亲走后，张爱玲顿失屏障，境遇明显地在倒退。矛盾的是，她在这个时期，对父亲还是依恋的，也有所期待，但父亲总是让她失望。日子就这样继续在过，好像也还是相当平静的。

1934 年夏，张爱玲读完圣马利亚女校的初中，升入高一。她已经有了很强的人生意识，开始设计自己的未来了。她想在中学毕业后，到英国去读大学，“蓝天下的小红房子”对她始终有诱惑。她还想学画卡通影片，要把中国画的风格介绍到美国去，且自以为已有了相当的绘画才能。

总之，小女孩的计划是海阔天空的，同时也斩钉截铁；可是，那时的张爱玲没想过，母亲不在身边了，梦还做得成吗？

就在这个夏天，平静了一段时间的家，忽然又起了纷扰，“来了一件结结实实的，真的事”：父亲要结婚了！这就是说，张爱玲和弟弟要有一个后妈了。这对于张爱玲来说，无疑是晴天霹雳！

旧小说、传说、戏剧中，有太多关于“狠心后妈”的故事。在中国民间，后妈的形象已是被定型了的。“小白菜呀地里黄”的谣曲，以最有感染力的艺术手段，在民众中普及了这个不无偏见的观念。

如果过去父亲养姨太太的时候，张爱玲年纪还小，还可以被“收买”，不会有撕心裂肺之痛，但是现在就大不一样了。身为堂堂一名高中生，张爱玲已经有了自主意识，她原本对父亲的生活方式感到厌恶，现在更无法接受贸然一个陌生而令人讨厌的后妈。

女高中生张爱玲有预感，后妈的进门，对她和她的家庭，打击将是毁灭性的。她简直是万念俱灰：“我姑姑初次告诉我这消息，是在夏夜的小阳台上。我哭了，因为看过太多的关于后母的小说，万万没想到会应在我身上。我只有一个迫切的感觉：无论如何不能让这件事发生。如果那女人就在眼前，伏在铁栏杆上，我必定把她从阳台上推下去，一了百了。”

可是孱弱的她，抵挡不了长辈们导演的这幕戏。这件“无论如何不能发生的事”还是发生了，“那个女人”也果然就在眼前了。当年夏天，双方就在礼查饭店举行了订婚仪式，年底在华安大楼举行了结婚仪式。

比较残酷的是，这个婚礼，张爱玲和弟弟都参加了。身份最尴尬的，大概就是张爱玲和弟弟了。年少敏感的孩子，不可能不想起远在欧洲的母亲，不可能不对后母进门可能引起的变化疑虑重重。

张爱玲对此事的内心反激非常强烈，过去以家庭为最可靠庇护的信念完全崩溃了。她对突然闯进的“后母”、对绝情寡义的父亲，都充满了无名仇恨。

显然，这是青春期的偏激。然而，张廷重显然低估了再婚对女儿的心理影响，并没有适时做好安抚工作，结果父女关系变得更糟，想要修复也就变得困难重重。不过张爱玲暂时并无激烈的行动表露，跟谁也没提起过，以至于弟弟张子静多年以后读到《私语》，才知道姐姐当时的感受竟然那样强烈。

后母进门后，确实显示出她在治家方面的“干练”，对于张家也产生了很大的影响。张爱玲不喜欢淮安路这座老房子，大概因为后母的原因，即使知道自己是在这里出生的，也对这里没感情，只是觉得阴沉。

在《私语》里，她对这房子有一段著名的描写，现在我们还能看到很多关于她的书都在引用：“房屋里有我们家的太多的回忆，像重重叠叠复印的照片，整个的空气有点模糊。有太阳的地方使人瞌睡，阴暗的地方有古墓的清凉。房屋的青黑的心子里是清醒的，有它自己的一个怪异的世界。而在阴阳交界的边缘，看得见阳光，听得见电车的铃与大减价的布店里一遍又一遍吹打着《苏三不要哭》，在那阳光里只有昏睡。”

这虽是张爱玲成名以后的文笔，但如果这就是她当年真实心态的摹写，其沮丧、灰暗的程度，确实令人惊讶。这与“花样年华”太相悖了。

少女的心，有时那种自我怜悯，要远远超出人们的想象。正直青春年华的张爱玲，阴郁性格的形成不免与突如其来的家变，和突然打破原本平静的生活的后母有关，后母这片挥之不去的阴云，成为了张爱玲心中永远无法抚平的创伤。

5. 就这样毕业了

1937年夏，张爱玲从圣马利亚女校毕业，中学时代就这样结束了。一年后，学校借用贝当路上的美国礼拜堂举行了毕业典礼。在典礼上，汪宏声专门找到张爱玲，其言殷殷，鼓励她今后不妨多写。张爱玲对汪老师一直是感激的，数年后她从香港回来，一见老同学就问汪老师的情况。听说汪老师当时不在上海，她竟有些惆怅。

张爱玲的同学顾淑琪女士，一直保留着学校当年的校刊《凤藻》，让我们得以窥见当年张爱玲和她同学们的风采。刊物很精致，十六开本，羊皮封面，道林纸印刷，内容有中英文两部分。里面有大量张爱玲留下的痕迹，刊载了她的中英文稿件三篇。此外她还担任了美术部助理员，包揽下了大部分的插图，表现得相当活跃。

在性格测试的部分，张爱玲留下了有趣的答案。这其中，有一个答案值得一说。当被问及最喜欢的人是谁时，张爱玲的答案是英王“爱德华八世”，就是后来的“温莎公爵”。他在二十世纪三十年代离经叛道，为了与离过婚的美国平民女子辛普森夫人恋爱、结婚，宁肯舍弃王位。这件事，被誉为“二十世纪最轰动的爱情”。

张爱玲的这个答案，在同学中显得很另类，能看出她骨子里的叛逆，更能看出她对爱情的渴望。

这期校刊中，还发表了张爱玲的三篇中英文习作，即《心愿》、《牧羊者素描》和《论卡通画之前途》。雏凤新声，非同凡响，其中《论卡通画之前途》更为后人津津乐道。她在这篇文章中大胆预言：“卡

通的价值决不在电影之下。如果电影是文学的小妹妹，那么卡通便是二十世纪女神新赐予文艺的另一个玉雪可爱的小妹妹了。我们应当用全力去培植她，给人类的艺术发达史上再添上灿烂光明的一页。”

以当今世界动漫流行的盛况看，足以证明张爱玲的预见不虚！在这册校刊的另一栏目中，张爱玲还有一句留言：“什么都可以‘忘了’，只别连我都‘忘了’。”当然，有的同学是永远也忘不了她的。

毕业时，顾淑琪曾请每一位同学在她保存的校刊上留言。其他人多是写下一两句公式化的祝福，而张爱玲却不。她的留言是：“替我告诉虞山，只有她，静肃、壮美的她，配作你的伴侣；也只有你，天真泼辣的你，配做她的乡亲。”少女的纯真美好之心，跃然纸上！

校刊里还有一项内容，最为宝贵。那是三十多幅毕业班同学的肖像图，犹如一盘什锦水果，琳琅满目。肖像的头部，采用的是真人相片，脖颈以下，则是张爱玲手绘的卡通画，两者融合，趣味盎然。

每幅人像的下面，是张爱玲以英文手写的祝福语，“预言”了每个女孩的未来。这些沐浴着三十年代阳光的女孩们，有的被画成摄影师、科学家、芭蕾舞演员、传教士，有的被画成时装店主、园艺师、诺贝尔奖作家、浪漫诗人，还有的居然是英姿勃勃的骑手、穿戴欧洲铠甲的武士、赴意大利大使和1949年的“中国总统候选人”！

最奇的，是一位女生被画成驾驶飞机首个登月的太空人——那是在“阿波罗”登月三十年前！值得一提的是，她把自己画成了一个占卜师，捧着一个水晶球在看。张爱玲的绘画天赋，在这几张画页上尽情显露。小人儿的动态活泼，富有创意，多少表现出了各自的性情与抱负。画的人体解剖也对，看来是有相当的素描功底。

是啊，就这样毕业了，怀着对同学们的不舍和对未来的憧憬。如今的圣马利亚女校旧址，已属上海女子三中。当年的校舍、拱门、回廊都还在，“爬山虎”的绿叶，遮住了当年教堂的整整一面墙……

第三章　愤而反抗，逃离旧家庭的束缚

人的少年时代，正当其时的感觉，是有无数的情感潮水。只有在多年以后回首时，才能看得清，那潮底下的礁石是何等狰厉。

年轻时的张爱玲，生活在阴暗分裂的家庭，为了逃离家庭的束缚，寻求自由的人生，她经历了什么？又是什么成就了之后的她？

1. 后母引发的父母决裂

张爱玲的父母离婚后，原本冷清的家就显得更加冷冰冰了。后母进门的头两年，张爱玲预想中的悲惨并未发生，一切照旧。她和后母，双方虽然都各怀心事，可是表面上都尽量礼貌，所以“也客客气气地敷衍过去了”。

再加上学校毕竟有各种新鲜的气息，对一切充满好奇的张爱玲因此很少回家，对家里发生的事情也知之甚少。不过有时候，她会向自己的老女仆询问家中的琐事。此时生活简单但不单调，日复一日地重复着。周一由司机送她去学校，周六接回，周三何干还专门为她送一次换洗衣服和小食品。据她后来回忆说，在家看到弟弟和老仆人何干受后母的折磨，内心非常的不平。但实在因为回家的次数少之又少，所以与后母爆发冲突的机会也是极少的。

周末和寒暑假的时候，张爱玲还是有她的快乐天地的：读小说，看电影，手绘贺年卡，到舅舅家聊天等等。她偶尔也会到姑姑那儿去，打听母亲在国外的消息。她写给母亲的信，都是由姑姑代寄的。

张爱玲的姑姑是一个有意思的人，说话幽默，看人看事都一针见血。在姑姑那里，总能呼吸到清新的空气。姑姑那一段时间在怡和洋行做过职员。从洋行出来后，有一段时间在广播电台做播音员，报告新闻，诵读社论，每天只工作半小时。说来这份工作相当轻松，可是姑姑很感慨，说："我每天说半个钟头没意思的话，可以拿好几万的薪水；我一天到晚说着有意思的话，却拿不到一个钱。"然后便把工作辞了。

张爱玲与姑姑终生不渝的情谊，在那时就已经锻造成型了。应该说，她对姑姑的感情，是一种"移情"，是对母爱缺失的"自我补偿"。而后母孙用蕃，在后来张爱玲的生花妙笔和盛名之下，已成尽人皆知的"狠毒后妈"形象。但是以现在的评判标准看，她恐怕是有点"冤"。正如有人评价的，她"其实一生未有大恶"，除了"阿芙蓉"一节不大光彩外，似乎并无其他不可恕之罪。

而且有一件小事，似乎还暂时地融化了她们之间的坚冰。一年暑假里，张爱玲在父亲书房里写作文，写完就跑到舅舅家去玩了。后母偶然看到作文簿，发现有一篇题目是《后母的心》，不由好奇，就看了下去。

这是一篇命题作文，不过即使是张爱玲自己拟的题，也是虚拟的，是为了锻炼写作各种题材的能力。这篇文章，把一个后母的处境和心理刻画得入情入理。后母孙用蕃不知就里，以为这是张爱玲发自内心的话语，竟大受感动。

此后，凡有亲友来访，后母就要提起这篇文章，夸张爱玲会写文章，又懂事。——这也是做后母的尴尬了，"后母"这个身份有原罪，她自己先就心虚了，夸孩子的潜台词还是为了洗清自己。

父亲是了解张爱玲的脾气的，同时也早就知道女儿的写作才华非同一般。他清楚那文章不过是虚拟情景的习作，不可能是为讨好后母而写的。不过父亲倒是乐于看到后母有这种"误会"，所以也不点破，只是随声附和。

弟弟张子静对她后来也有较公允的评价，说她一进张家，就要给两个十多岁的孩子当后母，实属不易。张子静说她错就错在自以为能够左右张廷重的意志，对家事干预过多，因此激化了矛盾。

一开始情况似乎还不错，张爱玲和后母彼此都能以礼相待，见了面客气地打招呼，在家也能谈一些天气和家常琐事。裂痕是一点点扩大的。孙用蕃万想不到，小女孩的抵抗之心是那样坚决。

其实，后母也是用了一点心思来笼络张爱玲的：在出嫁前，她听说张爱玲个头身段与自己差不多，就带了两箱自己的嫁前衣，送给张爱玲穿。当然，这在过去的时代，也不算是轻慢之举。打开箱子后，她还不无惆怅："料子都还是好的。"

但张爱玲却认为是侮辱，直到晚年也不宽恕："有一个时期在继母统治下生活着，拣她穿剩的衣服穿，永远不能忘记一件暗红的薄棉袍，碎牛肉的颜色，穿不完地穿着，都像浑身生了冻疮；冬天已经过去了，还留着冻疮的疤——是那样地憎恶与羞耻。"

张爱玲正值豆蔻年华，喜欢新衣服乃是常情，后母这两箱旧衣，有的领口已经磨破了，搞得她整个青春期心情都很灰暗。有一张老照片，就是她穿了后母的一件旧布旗袍，不看脸的话，确乎老成得跟村妇一样。圣马利亚女校是贵族学校，穿这样的衣服当然很窘，所以张爱玲又气又恨。

还有一次在舅舅家，舅母见张爱玲穿得寒酸，便拿出一些表姐穿过的衣服，要送给她。张爱玲婉言谢绝，当场竟伤心泣下，"不由得要想，从几时起，轮到我被周济了呢。"弟弟张子静也说她姐姐"平时的穿着也很随便，经常穿的是一般女性都穿的旗袍。"

有一段时期，圣马利亚女校酝酿统一做校服，这引起张爱玲无限的憧憬，她希望校服"也许像别处的女生的白衬衫，藏青十字交叉背带裙，洋服中的经典作，而又有少女气息"。可惜因为争议太大，校方的计划作罢。

上述"旧衣服事件"，因张爱玲几次在文章中提及而变得非常引人瞩目。其实，与其说她是被虐，还不如说是心理受压抑来得准确。成年张爱玲对服饰有夸张之癖，常以奇装炫人，根源就在于年幼时的挥之不去的阴影。她后来回忆说：“不过我那都是因为后母亲赠衣造成一种特殊的心理，以至后来一度Clothes-crazy（衣服狂）。”

本来，张爱玲就是冷冷地在看后母，而孙用蕃自恃也是“簪缨世家”出来的，并没像姨太太那样去用心讨好张爱玲，这已使张爱玲有所失望；加之后母的“银根紧缩”政策，似乎只针对两个孩子，这就更使张爱玲意气难平。

孙用蕃过门后，张廷重食不厌精的习气依然不变，每天的伙食有鸡有鸭，炒鸡蛋要用新鲜的香椿芽，夏天一定要吃“海瓜子”，有时还要买进口火腿、罐头芦笋和罐头肝肠。他喜好进口轿车的习惯一点也没变，总是不断在卖旧车、换新车。

另外，后母孙用蕃是个喜好热闹的人，她来后，张廷重参加外面的应酬反而更频繁了。两个人都是奢侈惯了的，根本管不住自己乱花钱。因此，张爱玲那时才会有过激的反应。类似这样不大注意孩子青春期心理的问题，此外还有一些。虽说是鸡毛蒜皮，却足以构成不可解的芥蒂。

1936年夏，王人美主演的《渔光曲》在上海上映。当时，这种为穷人说话的左翼电影大受欢迎，竟然连演八十四天，广播里天天都在播它的主题曲。

有一天，张爱玲一时性起，决定教后母雇来的一个丫头小胖学这首歌。张爱玲一边弹琴一边教，可是小胖天资不灵，开头两句“云儿飘在天空，鱼儿藏在水中”，居然一上午都没学会。这堂不成功的音乐课，却把父亲与后母给吵醒了。父亲大怒，把小胖训斥了一顿，又严令张爱玲以后早上不许再练钢琴。

生之乐趣何其少，竟然连唯一的爱好也给禁止了。显然，在张爱玲的内心深处，这笔账恐怕又要记到后母头上了。如果亲生母亲在，想必自己不会遭遇这份凄惨的生活。

2. 被父亲囚禁的黑暗日子

从圣马利亚女校毕业后，张爱玲又遭遇了更大的非难：被拘禁和逃离家庭。乃至多年以后回忆起这段经历，那份痛楚仍然历历在目。与父亲的这个家，在精神脐带上的切断，是如此地痛切！曾有过的一句政治流行语“出身不由己，道路可选择”，就说得未免太轻松了。决裂，就是一次生死！

张爱玲中学毕业前一年，母亲黄逸梵从法国返回。同行的，还有她的一位美国男友。那男子是个生意人，四十出头，相貌堂堂。母亲又带回了温暖的光，这是张爱玲灰暗生活中最明亮的一个窗口。一有机会，她就跑到母亲那里，把自己的作文和文学习作拿给母亲看。母亲这次回国，眨眼间又是四年多，如今十六岁的女儿，已长成亭亭玉立的大姑娘了——短发仅及耳垂，眉目间若有沉思，一身素气的蓝旗袍。

显然，这个女孩不会在母亲面前撒娇，而是对传奇的母亲充满敬意。她屏息静气听母亲讲述，讲英国、讲欧洲，甚至讲到埃及灼人的阳光。母亲的一双“解放足”，走过了何等广大的世界。

张爱玲为之倾倒！每次听母亲讲完，她都要在阳台上凭栏而立，遐思良久。直至母亲催她回去，她才依依不舍，回到父亲那个沉闷的家。母亲回来后，张爱玲顾忌到父亲的态度，不敢显得太高兴。

但是小孩子的掩饰功夫还是不到家的，父亲终于有所察觉，大为恼怒："你多少年来跟着我，被养活，被教育，心却在那一边！"

1937 年夏天，张爱玲从圣玛利亚女校中学毕业。在她面前，似乎即将展开一个新的天地，而她对未来也充满了憧憬。家庭已经无法让张爱玲感到温暖，于是她想要离开这个家了。不过，离开家，到哪里去呢？

此时母亲的回归，为张爱玲展示了一条充满诱惑的道路——像母亲一样出国留学。黄逸梵也正有此意。留洋多年的她深知女儿要想开始一段新的生活，就必须打开视野，多见世面，沐浴崭新的文明与文化，于是她托人约张廷重谈送女儿出国的事情。但张廷重总是避而不见，不愿与黄逸梵谈判。事情也因此总是僵持着，没有下文。

张爱玲则对出国留学充满了向往。一则，沉闷、不愉快的中学生涯终于结束了；二则，她亲眼看到从国外归来的母亲是那样气质出众、风采动人，尤其是那样自由、独立地生活着，这正是她最梦寐以求的生活啊。她觉得只要能出国，她这只丑小鸭就能变成白天鹅，她要穿上最漂亮别致的衣服去周游世界，享受生命中迟来的美好与欢乐。

张爱玲知道母亲在为自己争取留学机会，就更加高兴了。可是父亲的态度始终不明朗，留学的事情久久被耽搁。日子在一天天的忐忑中过去，留学的希望似乎越来越渺茫。张爱玲无比焦虑地等待着，日复一日。终于，她等不下去了，决定主动向父亲表明自己留学的决心。

在一个春日午后，面对躺在榻上抽鸦片的父亲和继母，张爱玲鼓足勇气，小心翼翼地说出自己想要出国留学的念头。这个场景，她事先已经在心里排练了无数次，但真的说出口的时候，还是紧张万分，心扑通扑通直跳。她一边说，一边偷偷看父亲的反应。糟糕，父亲的脸色越来越难看，显然是生气了。张爱玲咬咬牙，把自己准

备好的话一口气说完。紧接着，屋里是一段长时间的沉默。

她不知该怎么办，只能等待。而父亲终于爆发了。他一下子从烟榻上跳起来，把烟枪直接摔到地上，对着张爱玲破口大骂。一旁的继母不但不帮忙求情，还添油加醋地责怪张爱玲的生母黄逸梵，说是她指使张爱玲这么做的。这样一来，张廷重更生气了，因为他也觉得是黄逸梵给了张爱玲留学的念头。他不愿让张爱玲去留学，因为正是这"留学"二字，让妻子离开了他，现在女儿也想要离开他了，他不甘在这个问题上连输两次。父亲的态度让张爱玲心灰意冷，她只好暂且不提留学的事。

当时，上海正处于战乱中，她请求到母亲那里住一段时间，张廷重同意了。在母亲那儿待了两个星期后，张爱玲又回到父亲家中。没想到，刚进家门，就遇到了继母。继母阴沉着脸问她："你怎么走了也不跟我说一声？"张爱玲说自己已经告诉父亲了。继母冷笑一声，说："噢，对父亲说了，你眼里哪儿还有我呢？"说完，伸手就打了张爱玲一个耳光。

这个突如其来的耳光让张爱玲呆住了。她没想到继母竟这样找自己的茬，新仇旧恨顿时涌上心头。她本能地伸出手想要还以颜色，却被闻声赶来的两个佣人拉住了。继母估计也没想到张爱玲有还手的念头，她尖叫着冲上楼去找张廷重，嘴里还喊着："她打我！她打我！"张廷重以为张爱玲真的打了继母，他原本就对张爱玲想要留学的事耿耿于怀，现在更是火上浇油。他从楼上冲下来，一把抓住弱小的张爱玲，嘴里叫嚷着："你还打人！你打人我就打你，我今天非打死你不可！"张廷重像失去理智一般对自己的女儿拳打脚踢，可怜的张爱玲被打了无数耳光，挨了无数脚踹，几乎神志不清了。

然而，父亲张廷重何以会如此暴怒？这也成了张爱玲个人史上的一个谜团。以常人看来，张爱玲到生母那儿一住两周，父亲就本已有怒意在心，回来后又立刻和后母起了冲突，这一下子就勾起张廷重对前妻及妹妹的所有积怨。过去在张爱玲和后母之间，张廷重多少还能起一个缓冲作用，今日被孙用蕃挑拨，他也许领悟到，张爱玲已是对方阵营的死党了，再无可救药。

于是，这“一家之主”终于爆发，几乎失去理智。张爱玲，就这样经历了一生中最可怜的几分钟——“我觉得我的头偏到这一边，又偏到那一边，无数次，耳朵也震聋了。我坐在地上，躺在地下了，他还揪住我的头发一阵踢。终于被人拉开。我心里一直很清楚，记起我母亲的话：‘万一他打你，不要还手，不然，说出去总是你的错。’所以也没有想抵抗。”

是啊，失去母亲庇护的女孩，连眼泪都不能再流。小小张爱玲，在老宅的环境里，连护卫自己的权利也没有！有过这样惨痛经历的女子，今后就是再怎样“冷漠”，也是可以被谅解的吧。

这是张爱玲生命史中一个最大的“死结”！不知过了多少时候，父亲上楼去了，张爱玲站起来，走到浴室里照镜子，看到身上的伤、脸上的红指印，万千屈辱无处发泄，便狠了心，准备到巡捕房去报案。

但是她没想到：所谓天罗地网，有时候事先是看不到的。父亲早就叮嘱了两个门警，不要放张爱玲出去。果然走到大门口，看门的巡警拦住了她：“门锁着呢，钥匙在老爷那儿。”

张爱玲无奈，试着撒泼，叫闹着去踢那铁门，试图引起铁门外岗警的注意，但是毫无效果。在外人眼中，再怎么闹，也不过是家中的一个孩子，撒泼又能怎样？张爱玲只好返回，就这样被父亲囚禁了。然而这样的囚禁，竟是半年之久。

3. 寻求遗失多年的母爱而未得

出国留学之事不成之后，又发生了几件令张爱玲终生难忘的事，父亲的再次大发雷霆，姑姑与父亲的决裂等等。余怒未息的张廷重，扬言说要用手枪打死张爱玲。末了，把张爱玲软禁在楼下一间空房里，吩咐除了何干去照料一下生活之外，任何人不得去见她。

事实上，这座房子本是张爱玲的出生之地，本是重要的情感寄托之地。但是，眼下对张爱玲来说，它又忽然变得那么陌生。到了晚上，她竟然不能入睡了，能看见楼板上有蓝色的月光，安静得可怕，似乎有一丝杀机潜伏着。这是一个真正的牢狱，禁锢着一个想冲到狱外去的女孩。

张爱玲也知道，父亲决不可能要把她弄死，不过是想关几年，煞一煞她的傲气。几个星期过去了，死一般的日子就这样滑过，日升复又日落。张爱玲常常立在落地窗外的走廊上，手紧紧握着阳台上的木栏杆，仿佛木头上可以榨出水来。

身边的人担心张爱玲逃走，再三叮嘱："千万不可以走出这扇门呀！出去了就回不来了。"但是，她没有听，反而想了许多脱逃的计划，以往看过的《三剑客》、《基度山恩仇记》，一齐都涌到脑子里来了。

必须选择逃离了！她做出了一生中最果决、最正确的一个选择。张爱玲当时决心已定，非走不可。张爱玲是有心计的，她先向何干套口气，打听了两个巡警换班的时间。惊心动魄的时刻到了！——人的一生中很少有这样的纵身一跳！

隆冬的某个晚上，张爱玲伏在窗子上，用望远镜看清楚了：黑黢黢的路上没有人。于是她挨着墙，一步一步摸到铁门边，拔出门闩，开了门……她把望远镜放在牛奶箱上，闪身出去。——当真就立在人行道上了！

外面没有风，只有阴历年临近时那种很沉的冷，街灯下只看见一片寒灰。但，这是多么可亲的世界啊！获得自由的张爱玲，是无人可以窥见的欢乐精灵，“在街沿急急走着，每一脚踏在地上都是一个响亮的吻。”殊不知，这一刻，所有的事都是那么令人兴奋！

当时，她全然不顾随时可以重新被抓回去的危险，直到事过境迁，才觉出惊险中的那一份滑稽。黄包车一起一伏地，载着这个欢快得有点怪异的姑娘，奔向母亲的家。她抱定了扑向光明的心念，于是义无反顾地脱离了父亲。这一根血缘的脉，彻底断了。而她走后，果然再也回不去了。继母把她的东西都分给了别人，连仆人也被当做同犯赶回了老家。张爱玲自由了，同时也一无所有了，她只能去投靠母亲。

从小时候起，张爱玲与母亲之间就似乎一直隔着一段距离。即使当她们处于同一屋檐下时，母亲对于她也是遥远的、疏离的。后来母亲出了国，她更是只能在记忆中拼贴母亲的模样。虽然张爱玲是尊敬、爱慕甚至羡慕自己这位敢爱敢恨的母亲的，但她却始终无法与母亲产生普通母女之间那种亲密无间的感情。

十八岁出门远行，她再不会回头了。她加入了母亲和姑姑的公寓生活。突然要与母亲生活在一起的张爱玲，最初是兴奋的，这兴奋一方面是由于逃离了父亲与继母，重获自由；另一方面也是对与

母亲在一起的向往。然而，在母亲家里生活了一段时间之后，张爱玲却不安地发现，母亲的家也渐渐变得不那么亲切了。首要的原因是经济上的。张爱玲初到母亲家时，母亲就提醒过她："你仔细想一想，跟父亲，自然是有钱的，跟了我，可是一个钱都没有。"这是母亲给她上的第一堂现实教育课。

张爱玲虽然是一个爱幻想的女孩，但同时也有对现实的颖悟力。在禁锢中，尽管最渴望的是自由，这个问题却也困扰了她许久。但当时的张爱玲正被自由的激情所鼓舞着，所以仍不假思索地表示不后悔。然而在现实到残酷的日子里，张爱玲逐渐感到钱在渐渐销蚀着母亲对自己的爱。

母亲原本并无多少积蓄，对于张爱玲的索求，也渐渐变得不耐烦起来。这让张爱玲感到十分尴尬。孩子向母亲要零花钱，这原本是天经地义的事情。要是换作别的女孩子，恐怕要起钱来理直气壮，得不到也会耍耍赖、撒撒娇，缠磨着母亲不放。可张爱玲不同，她从小就与母亲之间有距离感，再加上对于母亲收留自己已是十分感激，因此不敢再有许多要求。

在《童言无忌》中，张爱玲这样写道："问母亲要钱，起初是亲切有味的事，因为我一直是用一种罗曼蒂克的爱来爱着我母亲的……可是后来，在她的窘境中三天两天伸手问她拿钱，为她的脾气磨难着，为自己的忘恩负义磨难着，那些琐屑的难堪，一点点地毁了我的爱。"这些琐屑的小事，让敏感的张爱玲感到是一种隐形的折磨。这种折磨虽然不像父亲那样以狂暴的形式表现出来，但正是这种平静的、隐秘的、滴水穿石般的折磨，让张爱玲更为窘迫。她慢慢地感到，"母亲的家亦不复是柔和的了"。

另外，这一次母女俩长时间的相守，和过去有所不同。母亲两度出国，被欧风已经吹得差不多了，在社交场上，俨然是"西方洋化的美妇人"，座中高朋，亦有胡适、徐悲鸿、蒋碧薇这样的名流。

她对女儿，当然有一种期待。

可是，张爱玲偏就在这时候处在青春期的压抑中，不开朗、不活泼。昔日的可爱不见了，淑女的规范却没学会。母亲一度失望，简直认为张爱玲是不堪造就了。母亲也毫不掩饰自己的失望，她甚至说过，还不如在张爱玲小时候得伤寒症时，不那么用心护理了——“我宁愿看你死，不愿看你活着使自己处处受痛苦。”

母亲独闯世界，深知做女人的不易，这种“恨铁不成钢”之心，以现在标准看固然过于严苛，但在那个时代，并不是杞人之忧。母亲由“慈母”一下变成“严母”，张爱玲无法适应。她不承认自己做人是失败的，但又很自卑，为突如其来的这许多“人生规则”而惶惑不安。

成年之后的张爱玲很看重名利，就与少年时对母亲的“反叛”有关。在张爱玲的成长史中，这是不亚于逃离父亲的另一个关节点。但是张爱玲在当时和后来，都没有加以渲染和放大。

一个曾支撑她度过灰色中学时代的理想破灭了，如果把这种破灭的打击效果放大，那前面的路，还怎么能有勇气再走？她明白，今后的一切，都要靠自己去面对了。她后来的小说和文章中，之所以那么频繁地出现“乱世”这个词，就是因为她失去了内心最安稳的依恃。

实际上，张爱玲出走离开父亲的家后，寻求遗失多年的母爱，并非是自己想象的场景，更多的是失望和孤寂，母亲严厉和高要求的母爱，似乎在一时间压得她喘不过气来，也并未觉得快乐。

4. 前来投靠的弟弟被母亲拒绝

有了后母之后，张爱玲住读的时候多，难得回家，一开始并不知道弟弟过的是何等样的生活。一次放假，她看见弟弟，竟吃了一惊。过去漂亮得像洋娃娃似的弟弟，现在变得高而瘦，穿了一件不甚干净的蓝布罩衫，租了许多连环画书来看。

张爱玲那时正迷醉于穆时英的《南北极》与巴金的《灭亡》，认为弟弟的阅读口胃大有问题，想给他纠正一下，而弟弟却只在她眼前晃了一晃，就不见了。

仆佣们纷纷告诉张爱玲关于弟弟的劣迹——逃学，忤逆，没志气。在这种氛围中，张爱玲显得比谁都气愤，附和着众人，激烈地指责弟弟的过错，闹得大家反而倒过来劝张爱玲：别太生气了。

后来在饭桌上，为了一点小事，父亲打了弟弟一个嘴巴。张爱玲对弟弟在家中的遭遇，也甚感不平。张爱玲对弟弟，虽然怒其不争，但手足之情依旧还在，见此情景，大大一震，用饭碗挡住了脸，眼泪往下直淌。

然而，后母却在一旁笑起来，说："咦，你哭什么？又不是说你！你瞧，他没哭，你倒哭了！"张爱玲不能忍受，丢下了碗冲到隔壁浴室里去，闩上了门，无声地抽噎。她立在镜子前面，看着自已抽搐的脸，看着眼泪滔滔地流下来，像电影里的特写。她咬着牙说："我要报仇，有一天我要报仇。”

然而，弟弟确乎不争气，不大一会儿，又没心没肺地玩开了。母亲黄逸梵本来就不喜欢男孩子，只喜欢女孩子，所以对儿子的情感一向较淡薄。在教育问题上，她考虑，张廷重总要对唯一的儿子负责吧，于是就一概不问，一心只想“挽救”张爱玲。

在妈妈的帮助下，张爱玲上了小学。父亲和后母却因为舍不得钱，仍不让张子静去上学，还是由私塾先生来教。张爱玲曾听见父亲跟后母在烟铺上对卧着说：“连弄堂小学都苛捐杂税的，买手工纸都那么贵。”

给儿子的教育投资，在他们就像割肉一样痛！过去跟姐姐一起上课，还有点意思，现在张子静一人面对私塾先生，怎能不郁闷！男孩子耐不住这单调，就常打瞌睡、假装生病，或者干脆不上课。

一直到张爱玲出逃之后，父亲受到刺激，才对张子静的教育有所重视，让他去上了正规的小学。由于这一延误，张子静小学毕业时，差不多都十五岁了！休学一年后，他又上了中学，因为时局不稳，连换了三个学校，后来因为病弱不支，连高中都没有读完。

以前姐姐去看妈妈和姑姑，张子静也很想去，但总是被父亲和后母拉住，不许去。他为此哭闹过多次，终究也不成。姐姐逃走后，张子静在家里更觉孤单，想念不已。1938年暑假，这孩子实在忍不住，偷偷跑去找母亲和姐姐，“带了一只报纸包着的篮球鞋，说他不回去了。”

母亲也很无奈，只能委婉地加以解释，表明自己经济能力有限，要供姐姐读大学就已经很吃力了，没法收留他。她劝张子静还是回父亲家去，好好地读书。弟弟哭了，张爱玲在旁边也哭了。后来弟弟到底还是回去了，带着那双篮球鞋。读张子静晚年的回忆录，到这一段时，读出一个幼年男孩的无助，常令人有所不忍。

对张爱玲，母亲却是尽到了责任，也有一份不能割舍的爱。因为受离婚协议的制约，她不能直接把张爱玲带出国。她曾试图让张廷重出钱送张爱玲到英国去读书，也没活动成，于是就决定自己省出钱来，供张爱玲留学。

母亲的这些努力，都是为了把张爱玲带在身边。这些，都是母爱。身处绝地的张爱玲，也只能咬紧牙关刻苦复习。她毕竟是聪明的，1938 年参加伦敦大学远东区的考试，考了个远东区第一名。

可惜，这时候欧战突然爆发，赴伦敦上学成了泡影。还好，伦敦大学的入学考试成绩对香港大学也同样有效，于是在 1939 年，张爱玲便改读香港大学。在这时候，每个中国人的命运，都不可能脱离大历史了。

由此，张爱玲先后离开了父亲和母亲的庇护，也因而有了三年亚热带都市的阅历。显然，这对她日后成为一个作家，是至关重要的。如果她这次顺利赴伦敦的话，也许当时的中国会多一个“欧化的美妇人”，却不一定会出一个独一无二的女作家。这，恰恰就是命运的安排。

第四章　阴错阳差进入港大，幸得人生挚友

与其说是阴错阳差地进入香港大学读书，倒不如说是无心插柳柳成荫。张爱玲在港大的经历，是丰富的、耐人寻味的。香港给了她一切新的开始，让她重新燃起了对于生活的渴望。在香港的所见所闻，更是增长了她的见识。更为重要的是，在港大的那段岁月里，她收获了生命中最珍贵的友谊。

1. 为学习放弃小说的大学生活

用“一路烧过去”的野火花这个鲜活的比喻，来形容香港这个城市对于张爱玲的成长影响，应该最恰当不过了。在香港大学的三年，让她有了蓬勃的生命力，她的生命开始有了些热烈的颜色，从少年变为成人，她不再是灰色的了！

当船靠近香港码头时，张爱玲就领略了这个城市在色彩上的热闹。这印象，后来被她用在了《倾城之恋》里：“望过去最触目的便是码头上围列着的巨型广告牌，红的，橘红的，粉红的，倒映在绿油油的海水里，一条条，一抹抹刺激性的犯冲的色素，窜上落下，在水底下厮杀得异常热闹。”她俏皮地比喻说：“在这夸张的城里，就是栽个跟头，只怕也比别处痛些。”

张爱玲只身一人南下，手中提着母亲当年出洋时用过的旧皮箱，来到这连语言都不通的殖民地城市——香港。母亲和姑姑都不免为她担心，怕她一时处理不好，便事先安排好了接应的人。前来码头接张爱玲的这个谦和的中年男子，叫李开弟。张爱玲的母亲指定他作为张爱玲在港期间的法定保护人。

大家应该都会好奇这李开第是何许人也，竟让张爱玲的母亲如此放心将女儿交给他照顾？实际上，他是张茂渊的初恋男友。

张爱玲的姑姑张茂渊二十五岁出洋时，与二十六岁的青年才俊李开第在开往伦敦的船上相遇。在甲板上，李开弟一往深情，用英语为张茂渊朗诵了拜伦的诗。两人一见钟情。这个美好的爱情故事本是个《泰坦尼克号》式的经典开篇，然而，当李开第了解到张茂渊的身世之后，忽然就冷了下来。

那时的青年，大多有很浓的意识形态情结。在青年李开第看来，张茂渊的外公李鸿章，无疑是民族败类；其父亲张佩纶，是马江之战中的懦夫；兼之又听说其兄张廷重是个打吗啡、嫖妓的浪荡哥儿，于是，李开第就断了与张茂渊的婚娶之念，只视她为好友。

不久，李开第另有所爱，并且很快就结了婚。这个传说，无法确认，总之是一场“苦爱无果”。张茂渊经历了失恋的剧痛之后，抽身而退，留给了李开第一句话：“今生等不到，我等来生！”从此，张茂渊独守空闺，竟为这个李开第守了五十年。两人后来都没离开大陆，到 1979 年竟老来携手，圆了并蒂之梦。“再回首已是百年身”，痴情若此，要是放在今天，大概就是感天动地的爱情故事了。

在张爱玲赴港前，母亲黄逸梵曾跟李开第通过电话，母亲不放心，告诉李开第说“小女是个‘讷于世故’的雏儿，需要谅解与照护”，又存了一笔钱在他账上，作为张爱玲在香港的开销费用。李开第这年从曼彻斯特留学归来，当时在香港做工程师，已经三十八岁，他对黄逸梵的托付，自然是心领神会。

在码头，李开第接到了张爱玲，见这个女孩果然寡言，便也不多说什么。随后，他接过行李，只顾在前面引路。上了车，李开第亲自开车把张爱玲送到港大。

这所香港大学也有浓烈的殖民地色彩，坐落在半山腰的一座法国修道院内。管理学生宿舍的天主教的修士和修女们也让这所大学充满了别样的气息。山路、野火花、港湾夜色，这里的许多景色，后来都成了张爱玲小说中人物的“舞台背景”。

香港大学的学生，大多数来自于东南亚华侨富商的子女们。当然，即便是本埠和上海来的学生，家境也都是相当优越的，他们社交频繁，出手阔绰，有的人上学甚至是有汽车接送的。这些侨生们英文都很好，但中文水平仅能到识字水平；本埠学生则大多在修道院的书院里受过教育。

张爱玲在这里，算是个实实在在的穷学生。她几乎不敢参加任何学习以外的社交活动，当然，跳舞要额外置办的衣服、裙子更是舍不得买的，结果在香港大学的几年，她连几乎人人都会的跳舞也没能学会。

同宿舍的周妙儿，是香港鼎鼎大名的与何东爵士齐名的人物的女儿，家境殷实，有钱的不得了，自家竟然买下了一整座离岛，叫做青衣岛，还在上面盖了豪宅。有一次，周妙儿邀请同宿舍女生去她家里玩一天，因为路途遥远，去的时候要租小轮船，说好大家分摊船钱，每人十多块。然而，贫困的张爱玲最怕这类额外支出，只好硬着头皮向负责管理的修女解释说，因为父母离异，自己被迫出走，母亲送她进大学已经非常吃力，因此不想去。那修女做不了主，又去请示上司，最终闹得修道院长都知道了有这么一位贫困生。

这一来，张爱玲的密友都为她感到大失颜面。可是，身为穷人又能怎么办？对于无助的张爱玲来说，她只有发奋苦读以雪耻了。为了考出好成绩，她动了一番脑筋，“能够揣摩每一个教授的心思”，结果每门功课都能考第一。到第二年，香港大学文科二年级的两个奖学金，被她一人拿下，大大扬眉吐气了一回。如此一来，不仅学费、膳宿费全免，毕业后还可免费保送去牛津大学深造。

一位以严厉出名的英国籍教授，这样惊叹道：“教书十几年，从未有人考过这么高的分数！”然而，为了学业而付出的代价，就是她在大学里放弃了写小说的爱好。

三年里，她几乎没用中文写过东西，给母亲和姑姑写信，用的也都是英文。姑姑的英文很棒，那时常常用漂亮的粉红色拷贝纸给她写英文信，上面是淑女样的蓝色字迹。张爱玲对来自于姑姑的每一封信都要细加品味。经过一番苦学，她的英文逐渐熟练，以至于可以用作谋生之道了。晚年在美国时，还曾有教授夸她：“英文写作比美国人还地道、还要富有文采。”

对香港大学的老师，她多不感兴趣，但也有几个，给了她深刻的印象。教古典文学的，是一位长髯老先生，穿一袭长袍，有仙风道骨的样子。张爱玲喜欢听他吟《楚辞》：“长太息以掩泣兮……”教西方文学的，是一位绅士气很足的先生，最爱讲莎士比亚，讲到忘情处就掏出雪茄来，顺手点燃，在袅袅青烟中陶醉。

图书馆是张爱玲常去的地方。她喜欢那些乌木长台、影沉沉的书架子和带着冷香的书卷气。有几间旧书库，显是好久没有人来。里面的象牙签、清代礼服的五色图版、大臣奏折……都让她有他乡遇故知的惊喜。

在这里看书，偶尔抬起头来，能看见窗外斜坡上的花园，那里有艳红的杜鹃花。路边铁栏杆外就是雾，再远，就是海湾对面的青山。坐在这里，心里有一种君临天下的安泰感。她把大学的这三年，当做来之不易的体验，非要学出最多的知识来不可。仅仅是偶尔的出去游玩、拜访人、谈天，都会让张爱玲感觉心里不安，恐是浪费了时间。

在张爱玲看来，绘画是所有爱好里唯一不占用脑子，也可以稍微放松一下神经的，也是她三年里一直没有放弃的。应该说，张爱玲在港大最大的收获，还不是在学业方面的，因为她后来没能沿着这个阶梯往上攀。作为一个潜在的作家，她在这所生源来自“五湖四海”的大学，最大的收获是看到了不同的人、不同的人性，开始了对人世的独立观察。

脱离了父亲的老屋，走出了寄宿制中学，她的视野大大开阔起来，这里不像颜色单纯的圣马利亚女校。在这里，来自热带地区的华侨子女，人生态度是恣意放任的，就像那些自顾盛放的野花。

这种对生活所抱有的热情，大大地影响了张爱玲的性格。她的生命，从这时开始，有了很多昂扬与明亮。

2. 那些异于常人的同学

凡是看过《倾城之恋》的读者，都难忘张爱玲在里面提到的产于香港的一种花：

到了浅水湾，他搀着她下车，指着汽车道旁郁郁的丛林道："你看那种树，是南边的特产。英国人叫它'野火花'。"流苏道："是红的么？"柳原道："红！"黑夜里，她看不出那红色，然而她直觉地知道它是红得不能再红了，红得不可收拾，一蓬蓬一蓬蓬的小花，窝在参天大树上，壁栗剥落燃烧着，一路烧过去，把那紫蓝的天也熏红了。她仰着脸望上去。柳原道："广东人叫它'影树'。你看这叶子。"叶子像凤尾草，一阵风过，那轻纤的黑色剪影零零落落颤动着，耳边恍惚听见一串小小的音符，不成腔，像檐前铁马的叮当。

很多人都有同样的疑问，那是什么树，是什么花？现在的香港，还有没有？有内地"张迷"到香港去旅游，兴冲冲地问当地人什么是"影树"，人们多瞠目以对，得到的结论也都是不知道、说不清。

其实，那谜一样的花，就是小叶羽状、互生成扇子形的凤凰花，花开时团团簇簇的火红，有如凤凰的羽翅。在香港大学的生活中，那些各个异乎寻常的女同学们，可以说是张爱玲能见到的“各种很刺激的颜色”。

金桃，生着淡黑的脸，牙齿很可爱地向外龅着，她来自马来亚，从小在娇生惯养中长大。张爱玲最喜欢看她教大家学马来人怎样跳舞。男女排成两行，摇摆着小步小步走，或者仅只是摇摆，女的捏着大手帕子悠然挥洒，唱着：“沙扬啊！沙扬啊！”“沙扬”是“爱人”的意思。歌声因为单调，在张爱玲听起来，反而“更觉得太平而美丽”。

马来亚就是今天的马来西亚和新加坡，张爱玲有一种偏见，认为那里的人生活习俗“不甚文明”，所以看金桃身上总有不讨人喜欢的小家子气。金桃晚上去看电影，见到其他富家女孩穿了洋装，总要匆忙跑回去，换了洋装再去。这种小小的虚荣，张爱玲说：“就像一床太小的花洋布棉被，遮住了头，盖不住脚。”

还有一个女孩，叫月女。张爱玲与之初见时，她刚抵达香港，在宿舍卫生间里冲了凉出来，新换了白地小花的睡衣，胸前挂着小巧的银十字架，向大家含笑鞠躬。这个亮相，本来就很有意思，而她忽然又说起先前曾在修道院念过书，那里洗澡是大家一起洗，每人发一个大白罩衫，在一个大水门汀池子里洗。“那罩衫的式样……”她掩着嘴，吃吃地笑，仿佛难以形容。她的父亲，是个刚刚发达起来的商人，阔了以后就迷上了一个不正经的女人，昏了头，回到家总是打孩子。因此月女的脸上，就常有一种“羞耻伤恸的神情”。月女很天真，她有一个奇怪的念头：老是怕被强奸。可又不懂强奸是怎样一回事，只是整天地想着，脸色惨白而浮肿。张爱玲很怜惜这女孩，静静地为她难过，觉得“一个人这样的空虚，像是一间空关着的、出了霉虫的白粉墙小房间”。

在香港大学，还有一件事，在她的写作史上至关重要。张爱玲在这个时期，唯一一次用中文写了一篇文章，这就是她早期著名的短文《我的天才梦》。大概是张爱玲初入学不久，在图书馆里偶然

看到杂志上的征文启事，遂动了参赛的念头。

写这篇文章时，张爱玲才十九岁。应该说，一个刚刚成年的女孩，写这篇文章的文笔与感觉，都堪称老辣。文章的内容，是一个“天才少女”的自述，但叙述得朴实而幽默，并非无限度的夸张。全文起首，就定了基调：“我是一个古怪的女孩，从小被目为天才，除了发展我的天才之外别无生存的目标，然而当童年的狂想逐渐退色的时候，我发现我除了天才的梦之外一无所有。”

此文前半部分写了自己幼时的各种才气，后边写了自己如何在现实中“不行”。结尾处，便是那句被当代“小资”们挂在嘴边的名言——“可是我一天不能克服这种咬啮性的小烦恼，生命是一袭华美的袍，爬满了蚤子。”

《我的天才梦》让我们知道，张爱玲在向写作的天地冲刺之前，曾有过一次这样的牛刀小试。“乱花渐欲迷人眼”，在香港她所看到的红肥绿瘦，都将化为她的笔下奇文，不知要叫多少人读了抚掌击节。当她的下一篇中文作品变为铅字出现时，一个真正意义的“天才”就要横空出世了！

3. 与挚友炎樱的相遇

晚年，张爱玲有过这样一段回忆：“我是孤独惯了的，以前在大学里的时候，同学们常会说他们听不懂我在说些什么，但我也不在乎。”尽管周围的女同学们形形色色，匪夷所思，但对于张爱玲来说，这仍是一个他者的世界。

在《对照记》里，她也坦率地承认：“事实是我从来没脱出那‘尴尬的年龄’(the awkward age)，不会待人接物，不会说话。话虽不多，‘夫人不言，言必有失’。”读到这话，我们就可想象出她的无奈。

但是，她在香港大学结识的、情同手足的好友——炎樱，打破了她的孤独，让她狭小的天地一下子广阔起来。众所周知，张爱玲的一生中，包括血缘的亲属在内，与她有亲密关系的人非常少。而且这些人，从性格上说，多半不“健康”。唯有这个炎樱，是完全健康的。

无论张爱玲本人，还是如今的“张迷”，都应该感谢炎樱，因为她给予张爱玲的东西，以当今通行语言来说，在好长时间里，始终是“正面的、积极的、健康的”。在张爱玲的生命史中（除了最后一次见面），只要炎樱出现了，就有欢笑。

这大概就是命运的安排。她们两个，居然是坐同一条船从上海来香港的。炎樱是个混血的锡兰（今斯里兰卡）姑娘，她皮肤黝黑，娇小丰满，五官轮廓很分明。从照片上看，在港大时期的她，像个英俊的小男孩；再稍长大些，便有了惊人之美。她的父亲是阿拉伯裔的锡兰人，伊斯兰教徒，在上海开珠宝店；母亲是天津人，早年为了跨国婚姻的事，跟家里断绝了关系。

她本名Fatima Mohideen，“炎樱”这个中文名，是张爱玲为她取的，两个字的搭配很美。但她本人好像不很满意，自己改名“莫黛”。张爱玲说，这个听起来不好，像“麻袋”，于是又改为“貘梦”。这是有典故的，貘，是一种专门吃梦的动物。

不过，还是以“炎樱”最为贴切吧，张爱玲就愿意这么叫她。这姑娘笑起来很响亮，说话又快又不讲道理。她天性饱满的热情，多少改变了张爱玲一贯的阴郁。炎樱幽默风趣，经常语出惊人。张爱玲在后来写的《炎樱语录》里，搜集了她的一些经典名言和逸事。

她是个短小身材，时时有发胖的危险，但她并不担忧，反而很达观，说：“两个满怀较胜于不满怀。”

她在报摊上翻阅画报，统统翻遍之后，一本也没买。报贩讽刺道：“谢谢你！”炎缨答道：“不要客气。”

炎樱买东西，在付账时，总要抹掉一些零头，即使在精明的犹太人开的商店里，也要这样。她把皮包里的东西兜底掏出来，说：“你看，没有了，真的，全在这儿。还多下二十块钱，我们还要吃茶去呢。专为吃茶来的，原没想到要买东西，后来看见你们这儿的东西实在好……”

犹太店老板的妻子不大相信：“二十块钱也不够你们吃茶的……”可是店老板为炎樱的孩子气所感动。他凄惨地微笑，让步了：“就这样罢。不然是绝对不行的，但是为了让你们能吃茶……”他还告诉炎樱，附近哪一家茶室的蛋糕最好。

炎樱非常聪明，文学天赋也很好，许多发言都很有见地，令人称奇。她说："每一个蝴蝶都是从前的一朵花的鬼魂，回来寻找它自己。"她还说："月亮叫喊着，叫出生命的喜悦；一颗小星是它的羞涩的回声。"

加拿大有一位妇女一胎生了五个，当时非常轰动。对此，她说："一加一等于二，但是在加拿大，一加一等于五。"西方有谚语云："两个头总比一个头好。"意为"集思广益"，而炎樱在作文里写道："两个头总比一个头好——在枕上。"判作文卷的神父教授看了，目瞪口呆。

事实上，张爱玲孤僻，炎樱热情，这一对密友可谓相得益彰。她们的共同爱好着实不少，绘画就是其中一项。在后来香港沦陷时，为了打发光阴，两人就常在一起作画，一个勾图，另一个就上色。张爱玲曾给炎樱画过一幅肖像，形神毕肖，颇得人欣赏，一位俄国老师甚至要出五美元买下来。

炎樱在绘画上也很有特色，比如她用色无拘无束，显示出自由洒脱的气质。有一幅画，她全用的蓝绿两色搭配，张爱玲喜欢，说能叫人想起李商隐的诗："沧海明月珠有泪，蓝田日暖玉生烟。"炎樱虽不是专攻绘画的，可在这方面有天赋，后来张爱玲小说集《传奇》的封面，两次都是她设计的，在构思上确有奇思。

在香港求学的日子里，凡是看电影、逛街、买零食，张爱玲都与炎樱在一起，不离不弃。炎樱的父母在上海，与张爱玲的母亲家相距不远。有一次放暑假，炎樱起先答应留下来陪张爱玲，但不知何故，未打招呼就回上海了。张爱玲有一种被遗弃感，倒在床上哭得不可开交。据张爱玲说，她平生只大哭过两回，此其一也。可见她与炎樱的友情之深。

炎樱发现，个性沉默的张爱玲其实内心是精细的，竟有那么多细微精致的感受，令人惊艳。她对张爱玲是怜惜的。炎樱在香港亲戚朋友多，每次外出拜访的时候总是拉上张爱玲，这是为了减少孤单，也是为了帮助朋友广见世面。因此，这份情谊带给张爱玲更多收获，让她拥有了一份色彩丰富的人生。

张爱玲曾说："生活空气的浸润感染，往往是在有意无意中的。"不错！她在窥看香港世态时所受到的触动，也就成了她日后动笔写作的一个契机。

4. 经历香港的战乱岁月

1941 年 12 月，日本人进攻香港。战争来得太突然，学生们还来不及仔细思考战争到底是怎么一回事。至此，张爱玲在香港大学的象牙塔生活被迫中断。

这是张爱玲第二次听见日军的炮声了。四年多以前，是在上海；而现在，这凶煞之声又跟踪到了这里。没有什么能像战争这样，可以破坏掉既定的一切；也没有什么能像战争这样，可以让人在一夜之间成熟。

其实，所谓的“港战”，也就是驻港英军不成样子的抵抗，只有短短的十八天时间。但是这段短暂的“港战经验”，在张爱玲的成长史上，足可以抵得上前三年的所有分量。在这十多天里，她看到了一个阔大而荒凉的乱世，看到了乱世中的人，感叹生命是何等脆弱。她开始切身地考虑了：生又如何，死又如何？

战争打响的第一天正好是大考的日子，学生们不用考试了，甚至高兴得欢呼雀跃。张爱玲宿舍的一个女同学发愁说：“怎么办呢？没有适当的衣服穿！”原来她是一个有钱的华侨，对于社交上不同的场合，从水上舞会到隆重的晚餐，都一一准备有不同的行头，唯独没有适合战争时穿的衣服。后来，她借到一件宽大的黑色棉袍，以为这件衣服对于在头顶盘旋的空军是没有什么吸引力的。

但战争终究是可怕的。有一个从内地来的女孩子，名叫艾芙林，曾经吹牛说自己身经百战，是吃苦耐劳、担惊受怕惯了的。可是当敌军的轰炸机在她们附近制造出轰隆隆的爆炸声时，艾芙林却第一个吓坏了，歇斯底里起来，大哭大闹，还对同学讲了许多可怕的战争故事，把其他女同学吓得面无血色。

宿舍的存粮就快吃完了，但艾芙林却比平常吃得更多，而且还劝别人也拼命吃，因为不久就没得吃了。别人想实行粮食配给制度，艾芙林百般阻挠，整天吃饱了就坐在一边啜泣，因此得了便秘症。战争中的生活是艰苦的，除了粮食不够吃，饭菜的质量也无从谈起。张爱玲和她的同学们挤在宿舍最下层的黑黢黢的箱子间里，外面的机关枪声“啦啦啪啪”像打在荷叶上的雨。因为怕被流弹击中，女学生们都不敢走到窗户跟前凑着光洗菜，因此她们吃的菜里常常有蠕蠕的虫子。每次吃饭，都令人作呕。

然而也有天真到胆大包天的，不肯坐硬板凳。前面说的那个同学月女，在香港沦陷时，大家都深居简出，不大敢独自露面；她却敢倚在阳台上看排队的兵走过，还大惊小怪地叫别的女孩子都来看。

最胆大的是炎樱，在轰炸期间，冒死进城去看电影——彩色卡通。看完回到宿舍，又独自在楼上洗澡。流弹乱飞，打碎了浴室的玻璃窗，炎樱全无畏惧，反而在浴盆里泼水唱歌。舍监听见歌声，火冒三丈。张爱玲倒是觉得，在恐惧中，人性才是最率真的：“她的不在乎仿佛是对众人的恐怖的一种讽嘲。”

在战争的逼迫下，香港大学停止了办公，学生们也必须去参加守城工作，才能解决食宿问题。张爱玲和一群同学一起到防空总部报名当了防空员，虽然她们都不太清楚防空员的责任究竟是什么。她们刚领了证件出来就遇到空袭，于是慌忙从电车上跳下来朝人行道奔去，躲在路边的门洞里。门洞里挤满了人，一辆空电车停在路中央，有一种原始的荒凉。张爱玲几乎觉得自己就要这样死在一群陌生人中间了。这时，有人大声发出命令："摸地！摸地！"由于人太多，大家好不容易才蹲下来。飞机从天上往下扑，张爱玲用防空员的铁帽子罩住脸，在黑暗中待了许久，才知道自己逃过一劫，炸弹落在了街对面。

也正是在战争中，张爱玲所喜爱的佛朗士教授，作为英国人，他被征入伍。然而可惜的是，他不是死在战场上，而是死在自己人手里。那天他在黄昏后回到军营，大概脑子里在思考什么东西，没听见哨兵的吆喝，哨兵就开了枪。佛朗士教授毫无意义的死给了张爱玲很大的震动，让她看清了战争的残酷和荒谬。

张爱玲观察着战争中的自己和身边的人，看着人性中不同的方面在战争的考验面前错落地浮现。她发现，战争使"食"与"色"这两种最原始的人的本能被大大地强化。她和她的同学们满大街地寻找冰淇淋，甚至愿意步行十几里路去吃一盘全是冰屑子的昂贵的冰淇淋。她们站在街头吃滚油煎的萝卜饼，不远的地方就躺着穷人青紫的尸首。她发现由于没有汽油，香港的汽车行全都改成了吃食店，没有一家绸缎铺或药房不兼卖糕饼，香港从来没有这样"馋嘴"过。同学们每天谈论最多的，也都是有关吃的话题。

另一方面，战争的虚空与绝望促使人想要抓住一点踏实的东西，于是许多人纷纷结婚了。张爱玲记得有一对男女来到她们办公室向防空处处长借汽车去领结婚证，男的望着新娘子时，眼睛里有近于悲哀的恋恋的神情，女的矮小美丽，喜气洋洋。报纸上有密密麻麻的结婚广告。连男女学生之间的关系也变得轻佻、暧昧了许多。说到底，是战争将人身上文明的束缚松绑了，显示出更为赤裸的人性。休战后，张爱玲和同学们在"大学堂临时医院"当看护。这里住的大多是中流弹的苦力与被捕时受伤的趁火打劫者。病人们的日子漫长而无聊，上头派给他们拣米的工作，拣去米里的沙石和稗子，这也是一项单调的工作，不过他们似乎很喜欢。

张爱玲与同学们不怕上夜班，因为工作并不累，可以躲在屏风后看书，还有牛奶和面包当宵夜。有些病人给张爱玲留下了深刻的印象。有一个肺病患者很有钱，雇了另一个病人服侍他，经常让被雇者出去给自己买东西，结果两个人都被医院院长赶了出去。有一个病人将一卷绷带、几把手术刀、三件病人制服藏在褥单底下，想据为己有，结果被发现了。

还有一个尻骨生了奇臭的蚀烂症病人，整夜里叫唤着："姑娘啊！姑娘啊！"声音忽高忽低，悠长颤抖，把整个病房的人都吵醒了。张爱玲走过去问他要什么，他想了想，呻吟着说："要水。"张爱玲告诉他厨房里没有开水，就走开了。那人静了一会儿，又开始哼哼："姑娘啊……姑娘啊……"声音在夜里游丝般飘荡，让张爱玲觉得恐怖，也让她体会到渺小的个人在时代列车上的苍白与孤独。

总之，港战对张爱玲的人生影响巨大。日军在占领香港后，席卷整个南太平洋地区。港英当局投降后，便撤出香港，港大实际上也等于停办。张爱玲的大学生涯，在最后一个学期被拦腰斩断了。

在港大时，张爱玲应该就已有这样的积累。香港的经验，在她，终有一朝会化腐朽为神奇。港大的岁月，是铁砧，锻打了张爱玲的性格；而港战的枪炮，又给了她最后、最彻底的一道淬火。

第五章　重返上海，成名要趁早

张爱玲是个传奇，无论是她的身份背景，或者说是她的奇装异服，最传奇的也当属她的创作才华了。逃离父亲的魔掌后，张爱玲辗转去了香港求学，三年的香港生活为张爱玲今后的写作道路可谓是铺上了红地毯。学业未满她就又重返上海这座孤岛，成为了东方明珠。

1. 入读圣约翰大学中文系

或许是生命使然，又或许是命中注定，这一切仿佛全都安排好了的，给了张爱玲坎坷的传奇，也便给了她用这传奇创造出文学世界里的另一种传奇。“世有伯乐，而后有千里马”，还好，张爱玲这样的奇才女子没有淹没于滚滚红尘，也终究被“伯乐”所发现。

她生活的时代造就了命运的坎坷，命运的坎坷又彰显了她的才华。求学之路的坎坷也自然而然地融入进了张爱玲坎坷的人生里。又或者说她的求学路是战火中的求学路。出自名门贵族的张爱玲却并没有一直享受贵族的待遇，腐朽与堕落引导着父亲张廷重走向了贵族的没落，也映射了中国近现代的巨变。然而，幸运的是张爱玲遇到了一个有个性的母亲，至少在当时，成为了张爱玲写作之路上的重要人物。

母亲黄素琼虽也是名门之后，但她却选择了与张廷重完全相反的一条路——“新思潮、新女性”，她拒绝腐朽，追求独立与自由，在五四风潮的影响下“踏着这双三寸金莲横跨两个时代”(《对照记》)。这也让张爱玲骨子里拥有了与母亲一样新时代女性的血液。

“中学毕业后到英国去读大学，有一个时期我想学卡通影片，尽量把中国画的作风介绍到美国去。我要比林语堂还出风头，我要穿最别致的衣服，周游世界，在上海有自己的房子，过一种干脆利落的生活。”她曾为自己这样安排过一生，也一直为了这个目标而努力。在母亲的帮助下，她一步步接近自己的梦想。

1942年，香港沦陷，三年的大学生活戛然而止，梦想再一次折翼，连喘息的机会都不给，张爱玲只能遗憾地离开香港，返回上海。

经历了两次战争的张爱玲，将战乱与颠沛流离深深地印刻在记忆中。当然，记忆里也有与此形成鲜明对比的，是一派富家子弟作风的学生们，对现实的处境浑然不觉：“我们对于战争所抱的态度，可以打个比喻，是像一个人坐在硬板凳上打瞌睡，虽然不舒服，而且没完没结地抱怨着，到底还是睡着了。能够不理会的，我们一概不理会。出生入死，沉浮于最富色彩的经验中，我们还是我们，一尘不染，维持着素日的生活典型。”

香港的三年，虽然张爱玲为了学业而放弃了小说的创作，但却为她之后的写作铺盖了宏达的创作背景。《倾城之恋》中，因为香港的战乱成全了白流苏的爱情。《沉香屑：第一香炉》《沉香屑：第二香炉》《茉莉香片》，这是她最早发表的三篇小说，也同样是以香港为背景来进行构思的。

重回故土的张爱玲，这是她第二次面对满目疮痍的上海，在不远的将来也将是她一炮而红的地方。父亲那里是不能回去了，母亲又远在新加坡。张爱玲暂时居住在了姑姑租住的静安寺赫德路192号一幢公寓的6楼65室。此刻，对于因为战事而回来的张爱玲，衣食住行都是一个不小的问题，更不要说是继续读大学拿文凭了。但是，如果真是这样，张爱玲是不甘心的。

张爱玲想要继续自己的学业，在香港时的第一名的成绩与证据都已经在战火中化为灰烬，这更激发了张爱玲拿到一张文凭来证明自己的决心。圣约翰大学就是她想要完成剩下的学业的梦想。

至于学费，能住在姑姑这里就已经很奢望了，况且姑姑也没有富裕的钱来供她上学，能想到的也只有父亲那里了。四年未见的父亲，如今也不见昔日的辉煌，两人的见面也如同走过场一般，不过还好的是解决了燃眉之急，并且让张爱玲放心考试。张爱玲的弟弟张子静也同她一同考圣约翰大学。

在参加了圣约翰大学的入学考试后，这个曾经拿过无数个第一名与奖学金的才女张爱玲，她的国文考试竟然不及格！我们无从得知当时张爱玲是怎样的想法，只是知道她只当玩笑话口气说给了弟弟听。幸运的是，学校让她在入学之后参加国文补习班。就这样，张爱玲与弟弟张子静进入了圣约翰大学，一个文学系，一个经济系。这样的话，张爱玲也能够与多年不曾见一面的弟弟一同培养培养亲情吧。

补习班的进度也是非常可观的，或许，那时候的不及格只是张爱玲久居香港后初到上海不能很熟练地运用国文的关系吧，但无论如何，张爱玲还是如愿完成了自己的学业，并且她积蓄已久的写作能力更是得到了进步，这也得到了张子静的认可。姐弟两个经常在一起谈论写作，以及学习上的事情。

日子仿佛又回到了在香港大学的那段时光，同样是与时不时地来找张爱玲一同玩来的炎樱一起谈天说地，只不过场景和地点换在了上海的圣约翰大学。但这一点儿都不影响两人之间的友谊，或许，炎樱的出现也让独自一人读四年级文学系的张爱玲不感到孤单吧。

2. 用英文写作小试牛刀

与香港大学三年的学习时光相比，入读圣约翰大学两个月不久，张爱玲就有了辍学的打算。学费与生活费对于当时寄人篱下的张爱玲来说是一笔不小的开支，更何况她又没有什么收入可言，父亲那里再也拿不出多余的钱。

别人问起原由时，她只是拿引不起自己的学习兴趣搪塞过去，说“还不如到图书馆借几本书回家自己读”。

张爱玲想要独立，想要自己找份工作稳定生活。“用别人的钱，即使是父母的遗产，也不如用自己赚来的钱自由自在，良心上非常痛快。可是用丈夫的钱，如果爱他的话，那却是一种快乐，愿意想自己是吃他的饭，穿他的衣服。那是女人的传统权利，即使女人现在有了职业，还是舍不得放弃的。”

留学梦或许变得难以实现了，然而还有一个文学梦来支撑着自己继续坚强地走下去。从此，张爱玲开始了自己的卖文之路，并且这条路最终通向的是她要成为一名知名的作家。

她最开始是为英文报刊《泰晤士报》(The Times)写影评、剧评，来赚取稿费，并且这些稿件都是张爱玲用英文创作的。在香港大学的三年，张爱玲已经习惯了用英文写作，她几乎没用中文写过东西，给母亲和姑姑写信，也用的是英文，积少成多，她的英文水平也练

得很流利、地道。如今，这也成了张爱玲的谋生之路。

在英文报上发表了一些剧评后，没想到牛刀小试，却收获颇多，不久就有英文杂志来向她约稿了。英文月刊《二十世纪》（*The Twentieth Century*）的德国主编克劳斯·梅涅特（Klaus Mehnert）发现了这个“初来乍到”却有着巨大潜力的张爱玲。

张爱玲这颗文坛之星也逐渐在上海迸发出璀璨光芒。1943 年 1 月，张爱玲在英文月刊《二十世纪》（The Twentieth Century）发表了自己的首篇文章*Chinese Life and Fashions*（《中国人的生活与服装》），载入英文月刊《二十世纪》4 卷 1 期，并且附着张爱玲亲自手绘的十二幅女子发式、服饰插图。此文后又以中文重写，发表在《古今》半月刊，重新更改题目为《更衣记》。张爱玲用英文谈论中国人的服装搭配变化与蕴含在其中的文化心理，见解独到而深刻，让外国人对中国人有了更深入的了解。并且，仅仅这一篇文章就让当时的张爱玲一炮而红，有星星之火可以燎原之势。在外国人眼中，张爱玲简直就是个天才。

对一个作家来说，需要别人的肯定是很重要的一件事，如此，才能激发出作家的创作热情与潜力。张爱玲做到了，她的头上拥有了别人肯定的冠冕，这也更肯定了张爱玲靠写作来谋生的决心。张爱玲运用起英文来也更是顺手，随后她在一年之内，应报社之约陆续发表了许多影评、剧评，开始崭露头角。

1943 年 5 月，张爱玲发表影评*Wife, Vamp, Child*（《妻子，狐狸精，孩子》），评电影《梅娘曲》和《桃李争春》，发表在英文月刊《二十世纪》第 4 卷第 5 期。后来翻译成中文取名为《借银灯》。

同年 6 月，张爱玲发表散文*Still Alive*（《还活着》），发表在英文月刊《二十世纪》第 4 卷第 6 期。后以中文改写名为《洋人看京戏及其他》。同期还有影评*The Opium War*（《鸦片战争》），评的是以鸦片战争为题材的电影《万世流芳》。张爱玲“用洋人看京戏的眼光来看中国的一切”。

7 月，张爱玲发表无题影评，评的是《秋之歌》（英译名 *Song of Autumn*）和《浮云掩月》（英译名 *Cloud over the Moon*），发表在英文月刊《二十世纪》第 5 卷第 1 期。

8、9 月，张爱玲发表影评 *Mother and Daughters—in—Law*，评影片《自由钟》《两代女性》和《母亲》，发表在英文月刊《二十世纪》第 5 卷第 2、3 期合刊。

10 月，张爱玲发表无题影评，评电影《万紫千红》和《迎春燕》。发表在英文月刊《二十世纪》第 5 卷第 4 期。

11 月，张爱玲发表影评 *China: Education of the Family*（《中国的家庭教育》），评影片《新生》和《渔家女》。发表在英文月刊《二十世纪》第 5 卷第 5 期，后以中文改写为《银宫就学记》。

12 月，她发表散文 *Demons and Fairis*（《妖魔与神仙》），载入了英文月刊《二十世纪》第 5 卷第 6 期。并后以中文改写名为《中国人的宗教》。这也是张爱玲在英文月刊《二十世纪》发表的最后一篇文章。

连续一年内在英文月刊《二十世纪》上发表张爱玲的作品，这是报社对张爱玲能力的肯定，同时也是满足了读者们的口味。同样这一系列的评论文章也彰显了张爱玲的过人之处——“她不同于她的中国同胞，她从不对中国的事物安之若素；她对她的同胞怀有的深邃好奇心使她有能力向外国人阐释中国人”。

“生来就是写小说”的张爱玲用英文满足了大家的胃口，也凭借“卖洋文”证明了自己的写作能力，Eileen Chang 这个名字也遍布了文化圈。

当然，作家这个职业也是有艰苦的一面。张爱玲一边上学一边创作有些吃苦了，文学圈在向她招手，她也仔细掂量了自己的梦想与前程，她最后选择了辍学来继续自己的写作生涯。大学文凭是拿不到了，遗憾是避免不了的，而张爱玲的才华也并不是需要建立在一张文凭之上的。

用英文牛刀小试的她，选择正式踏入文学圈，所以，写中国文化也不过是张爱玲漫长写作路上的一颗垫脚石，她的心中还有更远大的作品在酝酿着。并且，这时候的张爱玲也已经将文学的眼光转向了中国文坛，她也就此停下了自己的“洋文”写作，这一停就停到了 1952 年。

3. 震惊文坛的“两炉香”

如果说英文写作只是张爱玲闯入文坛的牛刀小试，那么也已经足够吸引人们的目光。真正惊艳四座的，当属“两炉香”了。

故事发生在1943年乍暖还寒的初春，其中有一个很重要的角色，如同伯乐一般给了张爱玲在文坛无限驰骋的天地。这个人就是周瘦娟，《紫罗兰》主编，“鸳鸯蝴蝶派”的代表作家之一。周瘦鹃深爱着一位女子，她有一个英文名字violet（紫罗兰）。用异乎寻常来表达周瘦鹃对紫罗兰的喜爱并不过分，并且这种爱伴随其一生，他甚至把创办的刊物也命名为《紫罗兰》。在文学创作上，他为抒发内心苦闷写出了大量所谓哀情、悲情小说，在某种程度上周瘦娟与张爱玲产生了创作上的共鸣。

故事发生的经过也是极其简单的，那是再普通不过的一日，经亲戚园艺家黄岳渊先生介绍，张爱玲带着她的“两炉香”——《沉香屑：第一炉香》《沉香屑：第二炉香》，叩响了《紫罗兰》主编周瘦鹃的家门。仅仅是看了一眼题目，周瘦娟就已经被这别出心裁的题目吸引了，他收下了张爱玲的作品，并在当天晚上就细细读了起来。“请您寻出家传的霉绿斑斓的铜香炉，点上一炉沉香屑，听我说一支战前香港的故事。您这一炉沉香屑点完了，我的故事也该完了。”（《沉香屑：第一炉香》）读毕更是赞叹连连，拍案叫绝。

字里行间无不展现了张爱玲的文学天赋，让周瘦娟对这个女子刮目相看，也让他这爱花之人更想要把张爱玲这朵惊艳之花展现给众人。于是，周瘦娟将张爱玲的“两炉香”点燃在了几经周转后终于复刊的《紫罗兰》上。他相信，这“香烟袅袅”自会引来闻香而来之人。

他在编辑例言里写道：“一壁读，一壁击节，觉得它的风格很像英国名作家Somerset Maugham（毛姆）的作品，而又受一些《红楼梦》的影响，不管别人读了以为如何，而我却是‘深喜之’。”（《周瘦鹃文集》）

复刊之后，周瘦娟在第一期就刊登了《沉香屑：第一炉香》，接着第二期又刊登了《沉香屑：第二炉香》。他在第一期的编辑例言《写在紫罗兰前头》写道：“如今我郑重地发表了《沉香屑》，读者共同来欣赏张女士一种特殊情调的作品，而对于当年所谓上等华人那种骄奢淫逸的生活，也可得到一个深刻的印象。”（《周瘦鹃文集》）

自此，张爱玲这个名字也在上海滩横空出世，年仅22岁的她就收获了无数的赞誉与喝彩，如同罂粟花一般盛开在沦陷区的文学土壤之上，成为了彻头彻尾的女作家。她传奇的一生也从这1943年开始了。

《沉香屑：第一炉香》《沉香屑：第二炉香》这两部故事的发生都是以香港为背景的，香港对于张爱玲来说是不可或缺的一部分。香港大学的三年张爱玲虽然为了学业而停滞了自己的小说创作，但这并不代表张爱玲什么都没有做，相反的，她用三年的时间来收集、酝酿并沉淀自己的写作素材以及创作背景。

《沉香屑：第一炉香》中的葛薇龙，这个来自上海的女中学生，因香港战乱以及家境贫穷，无处可投，不得不违拗地向生活腐落的富孀姑母求助。可以说葛薇龙是尖锐矛盾冲突中的典型代表。

当她踏入姑母的华艳的豪宅的那一刻被“依稀还见的那黄地红

边的窗棂，绿玻璃窗里映着海色那巍巍的白房子盖着绿色的琉璃瓦”所震惊的时候，便注定了她最后的沉沦与迷失。还未谙熟世事的她，已经慢慢卷入这种半封建式豪奢腐化的生活氛围。

姑妈本已经与葛薇龙父亲老死不相往来，她显然知道对方来投奔此处的原由不过是为了钱。但是，姑妈仍旧把她留下来住，答应负责她一切生活费学费，每天用汽车接送她上学。单纯的葛薇龙怎会想到，这只不过是年老珠黄的姑妈“如意算盘”的开始而已。

葛薇龙单纯爱美而又世俗，自然难以拒绝这个富有的姑妈所给予的一切，她选择逐渐沉迷在奢靡之中，从戴上姑妈的金镯子那一刻起，也便将自己禁锢在这贪欲的牢笼之中无法自拔并自甘堕落，姑妈也只不过是利用她的年轻来吸引男人罢了。

与此同时，不幸的是她还是忍不住爱上了一个放荡不羁的纨绔子弟乔琪，还一心想着“要离开这儿，只能找一个阔人，嫁了他。”她以为这是爱，其实不过是她贪恋荣华富贵的借口罢了。她已经无法摆脱眼前的困局，只有继续选择留下来，把自己的大好青春卖给梁太太和乔琪。小说到此戛然而止，留给读者的只有读后的警醒与恍然大悟，以及时代中任性的噩梦。

张爱玲的“第一炉香”在文坛上燃起，让我们闻到却是她燃烧在其中的对于病态任性的深刻剖析。随后，《沉香屑：第二炉香》这部作品于1943年6月与读者见面。在故事的开头，由克荔门婷和“我”展开了一场对话，张爱玲在文中把自己扮演成了一个旁观者的角色，就像是她在香港听到的一个传奇故事。

罗杰40岁了，婚姻上一直高不成低不就，偶然间他遇到了一个单纯的女孩愫细，并爱上了她。但是想不到，他爱上的这个女孩一家都是疯的，疯在心里，一般人察觉不了。愫细的母亲是个寡妇，她为了保持她们的“纯洁的思想”而把她们与性知识进行隔离，使她们对于“性”一无所知。在她母亲的世界里只有保持纯洁才是正确的女子该做的事。

因为无知，所以出嫁后的大姐靡丽笙面对丈夫的生理需求，误以为是丑恶的勾当。显然，母亲对女儿的溺爱也起到了很大的负面作用。离婚之后，前夫逃到外地之后仍然没有逃脱变态的恶名，最终选择了自杀。

同样的事情发生在二女儿愫细身上。因为不懂性知识，她竟然选择在新婚之夜出逃。结果，许多不明真相的人误以为其丈夫罗杰是一个鲁莽的色情狂，最后导致他在工作、生活等方面遭遇了各种麻烦。终于，在受到别人讽刺之后罗杰也选择了自杀，走上了佛兰克丁贝一样的道路。而愫细也成功地完成了母亲对她的转型，成为"纯洁"的继承者。

张爱玲的"两炉香"，给《紫罗兰》带来了生机，并震惊文坛。此后，世人见识了这个奇女子非凡的文学才能，纷纷留意这个才华横溢的上海姑娘。而张爱玲从此名声鹊起，她也以自己的亲身经历诠释了自己"出名要趁早"的主张。

4. 爱着奇装异服的个性女子

在张爱玲的眼里，美可以用四个字来概括：奇装异服。这是她对时尚的理解，同样也是对人生的理解：生命是一袭华美的袍，上面爬满了蚤子。

“八岁我要梳爱司头，十岁我要穿高跟鞋，十六岁我可以吃粽子汤团，吃一切难于消化的东西。”张爱玲自小就对服饰情有独钟，总是留意各种各样的服饰类型，对时尚的捕捉也异于常人，这种深入到骨子里的喜爱或许是遗传自母亲黄逸梵。在张爱玲的眼里，不管母亲是荣华富贵或者穷困潦倒的时候，一直都是浮华而美丽的样子。对母亲的羡慕以及来自母亲的熏陶，让小小的张爱玲恨不得一夜之间就可以长大成人，然后可以随意地打扮自己，“要穿最别致的衣服周游世界”。

父母的离异给了张爱玲不小的打击。母亲离开了她，父亲又给予不了她需要的爱与理解，继母的出现更是让她产生了深深的痛苦。早年，张爱玲只能穿旧衣服，她说：“永远不能忘记一件黯红的薄棉袍，碎牛肉的颜色，穿不完地穿着，就像浑身都长了冻疮，冬天已经过去了，还留着冻疮的疤——是那样的憎恶与羞耻。”在《小团圆》中同样有对继母这样的描写：“翠华从娘家带来许多旧衣服给九莉穿，领口发了毛了的线呢长袍，一件又一件，永远穿不完，在她那号称贵族化的教会女校实在触目。”

张爱玲曾这样总结那段初中时光：“我小时没有好衣服穿，后来有一阵子拼命穿得鲜艳，以致博得‘奇装异服’的‘美名’。穿过就算了，现在也不想了。”

进入香港大学的张爱玲，逃离了父亲与继母那里的灰暗生活，也逃开了那些穿剩的填满“尴尬”的旧衣服，独在异乡的张爱玲是自由的，它成全了张爱玲对穿着的独具匠心，也给了张爱玲自由展现自己的机会。当然，张爱玲再也不用压抑自己，她可以随心所欲地打扮自己，西方式的装束、东方式的风格，无论现代版的还是传统版的，都成为张爱玲发挥的对象。但，对张爱玲来说最重要的就是随心所欲就好。

于是，张爱玲用那些奖学金为自己“锦上添花”，她自己买料，自己设计，自己缝裁，她喜欢鲜艳的色调，便做成花花绿绿、异彩缤纷的来；喜欢洋式就大胆裁制，喜欢中式也便随心而做。她的内心无疑是开心的、喜悦的。这仿佛是张爱玲除了写作之外的另一种热爱生命的方式。

张爱玲对服饰的了解与热衷也并不局限于自己身上，而是扩展到了整个中国的服饰上，由服饰深入到文化心理之中。张爱玲为英文月刊《二十世纪》寄去的第一篇文章就是《中国人的生活与服装》，不仅包含了她用熟练的英文写下的近万字的各种关于服饰的看法和探究，还附有她亲手描绘的十二幅服饰插图。这足以说明，张爱玲对服饰的热衷与独到的见解。而那时她也不过二十岁左右的年纪，可谓才气逼人。

然而，在别人眼里看到的张爱玲或许也就只有“奇装异服”这四个字罢了。曾有一位不甚喜欢张爱玲的女作家潘柳黛在她的文章《记张爱玲》里详细描述过这样的张爱玲：

有一次，我和苏青打个电话和她约好，到她赫德路的公寓去看她，见她穿着一件柠檬黄袒胸露臂的晚礼服，浑身香气袭人，手镯项链，满头珠翠，使人一望而知她是在盛妆打扮中。我和苏青不禁为之一怔，问她是不是要上街？她说："不是上街，是等朋友到家里来吃茶。"当时苏青与我的衣饰都很随便，相形之下，觉得很窘，交换了一下眼色，非常识相地说："既然你有朋友要来，我们就走了，改日再来也是一样。"谁知张爱玲却慢条斯理地道："我的朋友已经来了，就是你们两人呀！"

张爱玲喜爱鲜艳的衣服，颜色搭配上偏爱于用一种鲜明而参差交错对照的色彩，用大红、葱绿、嫩黄来作为布料制作衣服。这之外，张爱玲尤其喜爱的就是旗袍了。我们也总是在留下的关于张爱玲的照片里看到那个独特的女子：比如在《对照记》中有两张照片。一张照片中她穿着广东土布做的衣服，是她在战后从香港买回的，图案是"最刺目的玫瑰红印着粉红花朵，嫩黄绿的叶子"，印在"深紫或碧绿地上"，这种被认为"只有乡下婴儿穿的"广东土布却一度成为她服装中的主流，并且有一个美丽的名字叫香云纱。另一张是与影星李香兰的合影，那天张爱玲穿着她最得意的那件"很有画意，别处没看见过类似的图案"（《对照记》）的裙子，这裙子是她祖母的被面改的。

《流言》中有她提供给读者的图画、照片。其中有一张是正面的剪影：画中之人背手而立；齐膝的裙子，一件薄质料加了垫肩的衫子松松垂下，至肋间收进去，以致衣袂稍稍有些张开。张爱玲迷恋于古人的衣装，并且又能够大胆地加入现代的元素，融合为自己的特色。她最出名、最"经典"的改装就旗袍外面罩一件古式的夹袄：一袭拟古式齐膝的夹袄，超级的宽身大袖，水红绸子，用特别宽的

黑缎镶边，右襟下有一朵舒卷的云头——也许是如意，长袍短套，罩在旗袍外面。

同时，这个爱穿奇装异服的女子将自己的喜好也融入到了创作中。她将笔下的每个女人的旗袍都是设计得独一无二，选取不同的布料和底色，迥异的花样和风格，或华丽，或朴素，或妖冶，或知性。她以此来展现华丽衣袍下的不同的人性，展现她们的灵魂与命运。

《半生缘》中的曼桢穿“一件浅粉色的旗袍，袖口压着极窄的一道黑白辫子花边”；曼璐出场时“穿着一件苹果绿软长旗袍，倒有八成新，只是腰际有一个黑隐隐的手印，那是跳舞的时候人家手汗印上去的”。从而刻画了姐妹二人截然不同的命运，曼桢的坚强与纯洁，曼璐的虚荣与自私都化为身着的旗袍上。

在《倾城之恋》这部作品中，白流苏陪七小姐相亲，穿的是挂在床架上的“脱下来的那件月白蝉翼纱旗袍”。月白色透露了白流苏内心的宁静和明晰，蝉翼纱的面料流泻出的是内心的轻松感，对于看透了家人的职责与嘲笑的她有的只是冷静与从容。轻灵的飞纱中飘逸的是她对范柳原的若有似无的飘渺的情感，是一种连她自己也不理解的神秘莫测、飘忽游移的心思。

这样的张爱玲是值得我们所细细品味的，奇装异服的她不仅体现了对于时尚的超前理解，同样也是对人生的理解：生命是一袭华美的袍，上面爬满了蚤子。

5. 文人未必都相轻

20 世纪 40 年代，人们称张爱玲、苏青为上海滩女作家中的“苏张双璧”，作为同一时代的乱世才女，两人却并不因为同是写作之人而唯恐避之不见，反而却互相欣赏，结下友谊。

人们在追忆老上海的风花雪月的时刻，除了张爱玲，能够再度登场的就是苏青了。

苏青（1913—1982），海派女作家的代表人物，原名冯允庄。1933 年考入国立中央大学（1949 年更名为南京大学）外语系，1934 年同“父母之命，媒妁之言”的同乡青年李钦后结婚，后肄业移居上海。

1935 年，苏青为抒发产女苦闷，写作散文《产女》投稿给《论语》杂志，后改题为《生男与育女》发表，从此便开始了属于她自己的写作生涯，并一发不可收拾。

爱情是美好的，可结婚之后就又是另一种景象了，婚后彼此反而是背道而驰，郎情妾意也不过是过眼云烟。离婚之后，苏青甚感郁闷，平日便以看书消遣。1943 年，她的代表作品长篇自传体小说《结婚十年》开始在《风雨谈》连载，然而指责与谩骂也同样伴随而来，被人们称为“犹太女作家”。之后她陆续发表的作品结集为《浣锦集》《涛》《饮食男女》《逝水集》，此外还有长篇小说《歧途佳人》等。她曾主办《天地》杂志，身兼编辑、作者、发行数职，成为了当时“上海文坛最负盛誉的女作家”，是仅次于张爱玲之后的另一名新女性。

这样的新女性，素为张爱玲所喜。她们通过文字认识、往来，成为心灵上的朋友。

说起苏青，张爱玲有过这样的评论：“即使从纯粹自私的观点看来，我也愿意有苏青这么一个人存在，愿意她多写，愿意有许多人知道她的好处，因为，低估了苏青的文章的价值，就是低估了她的文化水准。如果必须把女作者特别分作一栏来评论的话，那么，把我同冰心白薇她们来比较，我实在不能引以为荣，只有和苏青相提并论我是甘心情愿的。”同样，问起苏青时，她也这样表达过：“女作家的作品我从来不大看，只看张爱玲的文章。”

1943 年三月，上海《杂志》社邀请苏青、张爱玲等众多女作家聚会，谈论文学因缘的问题。在会上，张爱玲即席发言道：“古代女作家中最喜欢李清照……近代的最喜欢苏青，苏青之前，冰心的清婉往往流于做作，丁玲的初期作品是好的，后来略有点力不从心。踏实地把握住生活情趣的，苏青是第一个。她的特点是‘伟大的单纯’。经过她那俊洁的表现方法，最普通的话成为最动人的，因为人类的共同性，她比谁都懂得。”

是的，她们是例外，文人未必都相轻。同样出身显赫，同样受过高等教育，同样在爱情里伤痕累累，又同样的香消玉损无人知。这样传奇的两个人用传奇的方式在上海滩绽放着自己的创作烟花。其实，苏青并非不漂亮，相反还很耐看，至少是符合张爱玲的审美观的。“她难得这样静静立着，端详她自己，虽然微笑着，因为从来没有这么安静，一静下来就像有一种悲哀，那紧凑明倩的眉眼里有一种横了心的锋棱，使人想到‘乱世佳人’。”

在苏青创办的《天地》创刊号上，张爱玲发表了一篇散文《论语言不通》，也正是这篇散文，为两人的相遇相知埋下了伏笔。就这样，气味相投的两个人用实际行动向世人展示了她们的深厚友谊与互相欣赏。

其后，张爱玲又应苏青之邀，写了一篇小说《封锁》，发在《天地》的第二期上。两人便更是欣赏彼此的才华。从此，《天地》里也便因张爱玲的作品而热闹了起来，先后发表《公寓生活记趣》《烬余录》《谈女人》《私语》《中国人的宗教》《道路以目》《谈跳舞》等。

当然，这些作品也是受到苏青的赞赏的，张爱玲在《天地》上发表的作品苏青都有拜读，并且苏青也都以编者的身份极力为读者推荐。才华与气度在两人身上萦绕，她说："我读张爱玲的作品，觉得自有一种魅力，非急切地吞读下去不可。读下去像听凄幽的音乐，即使是片段也会感动起来……"

对于张爱玲来说，苏青的出现不仅是让她们两个结下了一段友谊，也更是让张爱玲收获了一段人生中绝无仅有的情缘——胡兰成。胡兰成在《说苏青》中分析得更为直接，他说："有一个体贴的，负得起经济责任的丈夫，有几个干净的聪明的儿女，再加有公婆妯娌小姑也好，只要能合得来，此外还有朋友，她可以自己动手做点心请他们吃，于料理家务之外可以写写文章。这就是她的单纯的想法。"

张爱玲死心塌地爱了一生的丈夫胡兰成是通过苏青认识的。胡兰成在回忆录里说他在苏青住所逗留，恰好张爱玲也来了，当下张爱玲泛出醋意。爱情里终究是容不下第三个人的，即便是苏青也不能够例外。这或许是之后二人日渐生疏的原因之一吧。

其实，张爱玲与苏青又是两个完全不同的女人。在社会、婚姻、妇女、家庭等问题上两人的见解不悖，许多问题彼此很能理解，但是，两人的创作风格与她们的性格一样大相径庭。

说到底，两人的不同也便是在这一近一远间。苏青是真实的，真实到随处可见，就好似一个平凡女人一般，穿平常的衣服，有着

一口地道的家乡话，笔下的故事也是生活里的故事。张爱玲则是虚无的，总是以旁观者的姿态看着这世间，身着奇装异服，傲骨的姿态让人疏远，面上放开了手脚，骨子里还留着世故，心里满是女性的聪敏和小心。她的“俗”是织进了“雅”里的，而苏青的“俗”则像白开水一样，清新透彻。

6. 越走越顺利的文学之路

出名要趁早。出名，趁早，张爱玲全都做到了，并且实至名归。《沉香屑：第一炉香》和《沉香屑：第二炉香》由《紫罗兰》创刊号和第二期刊登后，张爱玲这个名字在上海横空出世。如果说周瘦娟是她的伯乐的话，那么成名则全靠她自身的努力。一个成功的作家也绝不会局限于一部作品。张爱玲的写作道路自此一片坦途，并与苏青、潘柳黛、关露齐名，成为了当时大上海红得发紫的女作家。

出名，这是作为作家的张爱玲一直拥有的梦想，并且也有这样的幻象："以前我一直这样想着：等我的书出版了，我要走到每一个报摊上去看看，我要我最喜欢的蓝绿的封面给报摊子上开一扇夜蓝的小窗户，人们可以在窗口看月亮，看热闹。我要问报贩，装出不相干的样子：'销路还好吗？——太贵了，这么贵，真还有人买吗？'……最初在校刊上登两篇文章，也是发了疯似的高兴着，自己读了一遍又一遍，每一次都像是第一次见到。就现在已经没那么容易兴奋了。所以更加要催：快，快，迟了来不及了，来不及了！"

张爱玲传奇的一生就这样在金光灿灿的舞台上亮相。1943 年和 1944 年，是张爱玲一生中最重要的两个年份，在这两年之中也是她创作的高峰，她在《紫罗兰》《万象》等各种刊物上发表了几乎是她一生中最重要的小说和散文作品。

她发表了小说《茉莉香片》（1943年6月）、《心经》（1943年7月）、《封锁》（1943年8月）、《倾城之恋》（1943年9月）、《金锁记》（1943年10月）、《琉璃瓦》（1943年10月）、《年青的时候》（1944年1月）、《花凋》（1944年2月）、《鸿鸾禧》（1944年5月）、《红玫瑰与白玫瑰》（1944年6月）、《桂花蒸阿小悲秋》（1944年9月）、《等》（1944年11月），以及散文《到底是上海人》《洋人看京戏及其他》《更衣记》《公寓生活记趣》《烬余录》《谈女人》《论写作》《有女同车》《自己的文章》《私语》《谈画》《谈音乐》等。

傅雷先生誉之为“文坛最美的收获”——《金锁记》，也凭借这部作品让张爱玲再次成为万众瞩目的焦点。小说描写了一个麻油商的女儿曹七巧的心灵变迁历程。《金锁记》可以说是张爱玲的顶峰之作，无论从技巧还是思想上，它都能体现张爱玲的天赋所在，寻常人是无法企及的。

对于张爱玲的成名，就如同花香引蝶一般，自然而然地就引起了一些文学界的前辈和学者的注意，比如苏青、王伯祥、周予同、柯灵、郑振铎、夏丏尊、王统照等人。看到张爱玲功成名就，大家自然是满心欣喜的，同时也一面为这个年纪轻轻就声名大噪的小女子担忧着，担忧她不懂得世事变化，清浊难分，害怕她会误入歧途，又害怕成名太早的她会浮躁而忘我。他们会诚恳地劝诫这个有才华的后辈：“以你之才华，不愁不见知于世，望你静待时机，不要急于求成。”

然而，张爱玲是谁，她要的便是这成名的乐趣与成就，也享受着自己笔下所创造出来的小天地。于是，在1944年9月的时候，张爱玲将小说结为《传奇》出版，那年张爱玲25岁。之所以命名为《传奇》，她给出了这样的解释：“书名叫《传奇》，目的是在传奇里寻找普通人，在普通人里寻找传奇。”张爱玲亲自设计装帧，亲自校对。期间还有一个小故事发生，当时与张爱玲齐名的女作家潘柳黛在《记张爱玲》中回忆过：“她为出版《传奇》，到印刷所去校稿样，穿着奇装异服，使整个印刷所的工人停了工。”

张爱玲非常注重自己的第一本处女作的作品集，这样的行事作风也符合那个传奇色彩的民国女子，注重才会庄重，才会隆重来迎接自己的成果。

《传奇》出版，收入《金锁记》《倾城之恋》《茉莉香片》《沉香屑：第一炉香》《沉香屑：第二炉香》《琉璃瓦》《心经》《年轻的时候》《花凋》和《封锁》等十篇中短篇小说，总计二十四万字。在《传奇再版前言》里，她再也无法抑制自己内心的喜悦，于是写下了这样一段话：“啊，出名要趁早呀，来得太晚的话，快乐也不那么痛快。因为个人即使等得及，时代是仓促的，已经在破坏中，还有更大的破坏要来。有一天我们的文明，不论是升华还是浮华，都要成为过去。如果我最常用的字是荒凉，那是因为思想背景里有惘惘的威胁。”

1945年初，张爱玲又出版了散文集作品《流言》，共收录《私语》《烬余录》《童言无忌》《姑姑语录》《公寓生活记趣》《自己的文章》《关于倾城之恋的老实话》等散文三十篇，可以说是将张爱玲的散文作品集成为“大珠小珠落玉盘”，她的散文是“写在水上的文字”，流动自然，平淡之中见绚烂，绚烂之极归于平淡。

如果说《传奇》让我们认识了一个苍白、瘦削、忧郁、敏感的张爱玲，那么打开《流言》之后，呈现在我们面前的又是一个乐观、好奇又善于制造生活情趣的张爱玲。如此一动一静、一乐一悲，一同构成她融古典、现代于一炉的雅俗共赏的传奇艺术世界。李碧华曾叹道：“文坛寂寞得恐怖，只出一位这样的女子。”

在这寂寞的文坛上，张爱玲的出现无疑是轰轰烈烈的红玫瑰，灼眼的大红色，既突兀又自然，既浮华又惹人怜爱；又如同姹紫嫣红的罂粟，带着诱惑和神秘。

或许也正如她自己所说：长的是磨难，短的是人生。从张爱玲《自己的文章》一文中，可见张爱玲的文学追求甚至人生追求。正如熟悉她的人所说的，她是因为体察了人生的悲凉，才写出人生真实而安稳的一面。

在人生最美的年纪里，在最负盛名的时候，这个爱穿旗袍的女子——张爱玲，遇见了自己爱情。在顺畅的文学之路上，她，遇到了胡兰成，她，恋爱了。

第六章　所遇非良人，爱让她低到尘埃里

张爱玲在最美的年纪里遇到了一个男子，他饱读诗书，富有才华；他彬彬有礼，温润如玉。遇到他的时候，恰巧也是张爱玲声名如日中天的时候，而才子佳人的搭配却不过是浮华的一场梦。他是胡兰成，这个让张爱玲用尽一生去爱的人。

遇到胡兰成，仿佛张爱玲之前的孤寂都只为等着他出现，可命运弄人，低到尘埃里的她终究还是回到了孤身一人。

1. 缘起于《封锁》

“金风玉露一相逢，便胜却人间无数”，这便是张爱玲最初的爱情，也终究没有逃过的爱情。张爱玲与胡兰成，一个是当时上海最负盛名的女作家，一个是汪伪政府的要员，常人很难会想到他们能走到一起。然而在乱世之中，茫茫人海之中，他们遇见了彼此，书写了一段传奇。结果，张爱玲的爱情在尘埃之中开出花来，甚至倾其全部。

胡兰成出生于1906年2月28日，原名胡积蕊，小名蕊生，浙江绍兴人。这个江南水乡孕育出的才子，也因自己的才华吸引了无数女子，张爱玲就是其中之一，并深陷在胡兰成编织的爱情的网中，这是后话了。胡兰成自幼家贫，可也正是如此激励了胡兰成奋发图强，赤膊空拳拼天下。

事实上，胡兰成是父亲胡秀铭与续娶的母亲吴菊花所生的第四个孩子，兄弟之中排名第六，父亲为他取名兰成，是想他长大以后能够功成名就，甚至名扬四海，像兰花一般的将香气传回家中，光宗耀祖。在很久之后，父亲的期望也只实现了一半，才华有了，成就有了，却终究成为了民族的罪人。

在遇到张爱玲之前，胡兰成已经是一个在情场里游荡的浪子了，媒妁之言的妻子玉凤去世后，胡兰成又经历了两度婚姻，又一度离异。

1933年，在广西南宁、百色等地辗转教书的胡兰成，认识了全慧文，并且与全慧文步入婚姻殿堂，生儿育女。那时候的胡兰成仍然在世界上闯荡着，想要有一番成就，想要更辉煌的日子。

1936年，胡兰成在《柳州日报》上发表文章，说：“发动对日抗战，必须与民间起兵开创新朝的气运结合，不可被利用为地方军人对中央相争相妥协的手段。”可就这样一句话却招来了牢狱之灾。

汪精卫看到这篇文章，看出了胡兰成的才华。1937年，他委任胡兰成为上海《中华日报》的主笔，从而增添了一名干将。自此，胡兰成官道坦途，命运也全然改观。在良好的机遇面前，人生真的是不可猜度的。

1940年3月，汪伪国民政府在南京成立。胡兰成任宣传部政务次长，兼任《中华日报》总主笔，后又接手《国民新闻》，也算得是风光一时。不久，胡兰成因发表在《国民新闻》上的一篇社论，因文招祸，汪精卫亲自下达逮捕令，胡兰成入狱了。这一天，是1943年12月7日。

就这样，在一个午后，闲来无事的胡兰成将张爱玲撞入了自己的生命之中。他与张爱玲，也注定是一个传奇。认识张爱玲，也只是起于一篇文章罢了，并未见其本人，却如同见其本人。在胡兰成的《今生今世》中他是这样写下与张爱玲这个民国女子的相遇的：

前时我在南京无事，书报杂志亦不大看，却有个冯和仪寄了《天地》月刊来，我觉和仪的名字好，就在院子里草地上搬过一把藤椅，躺着晒太阳看书。先看发刊辞，原来冯和仪又叫苏青，女娘笔下这样大方利落，倒是难为她。翻到一篇《封锁》，笔者张爱玲，我才看得一二节，不觉身体坐直起来，细细地把它读完一遍又读一遍。见了胡金人，我叫他亦看，他看完了赞好，我仍于心不足。

我去信问苏青，这张爱玲果是何人？她回信只答是女子。我只觉世上但凡有一句话，一件事，是关于张爱玲的，便皆成为好。及《天地》第二期寄到，又有张爱玲的一篇文章，这就是真的了。这期而且登有她的照片。见了好人或好事，会将信将疑，似乎要一回又一回证明其果然是这样的，所以我一回又一回傻里傻气的高兴，却不问问与我何干。

命运总是喜欢摆弄人的命运。它好像偏偏喜欢“撮合”胡兰成、张爱玲，竟然把他们在互不相识相知的情况下就系上了一根红线。

胡兰成入狱后，苏青便让张爱玲陪同自己一起去周佛海家求情。苏青去求情的原因，除了二人是朋友外，还因为苏青创办《天地》需要文人的稿件支撑，而胡兰成就是其中之一；找周佛海就另有原因了，他的妻子杨淑慧是苏青的干娘，因此两人的关系就不用多说了。当初，苏青主持的《天地》创刊时，杨淑慧还送了两万元作为贺礼。

这样的理由促使苏青去求情，那么，张爱玲呢？一个生性孤傲、与世无争的人，为了一个未曾谋面的陌生人说情，终究是不易理解的，或许是因为苏青看中了当时张爱玲的名气与影响力；或许是后来胡兰成在《今生今世》中回忆的：“她听闻我在南京下狱，竟也动了怜才之念，和苏青去过一次周家，想有什么法子可以救我”；又或许是命运使然，注定了这二人要联系在一起。

1944 年 1 月 24 日，胡兰成被释出狱。2 月，胡兰成便迫不及待地从南京到上海，一下火车就去找苏青。“及我去上海，一下火车即去寻苏青。苏青很高兴，从她的办公室陪我上街吃蛋炒饭，随后到她的寓所。我问起张爱玲，她说张爱玲不见人的。问她要张爱玲的地址，她亦迟疑了一回才写给我，是静安寺路赫德路口一九二号公寓六楼六五室。”（《今生今世》）

苏青说的对，张爱玲是不见人的，这样的张爱玲才是符合她的性格的，这样的张狂才负得起张爱玲的传奇。要到地址的胡兰成在第二天就整装好去见张爱玲，这个在情场上如鱼得水的胡兰成不会想到在他敲响张爱玲门的时候会吃闭门羹。

在这一刻，一路上想好的措辞也派不上用场了。胡兰成在门外毕恭毕敬地对着冰冷的门进行自我介绍，可即便是介绍得天花乱坠，得到的回应也只是不见！无奈，胡兰成只能是掏出纸笔写下自己的姓名电话，说明自己的拜访原因，从门孔里递了进去后就再没了回应。

这样一个不速之客只能在碰壁之后打道回府，等待张爱玲的消息。张爱玲素来孤傲冷清，闭门谢客对她来说更是正常，自己的亲弟弟都不一定能见到张爱玲更何况是胡兰成了。胡兰成能做的，只是等待。

2. 若人生只如初见

1944年，张爱玲已经成为红得发紫的文坛女作家，名气人气俱佳，朝暮者更是不计其数。在张爱玲的眼里，胡兰成的造访或许与别人是无异的，拒之门外也应该是理所应当的。而张爱玲曾经陪苏青去为胡兰成奔波，她显然知道胡兰成这个人，也同样知道这个名声在外的才子，亦是读过胡兰成的文章。难道就因为知道，所以就把对方拒之门外吗？

然而，张爱玲接着就做了另一件事情。胡兰成的等待是值得的，命运终究是将他们牵在了一起。“又隔得一日，午饭后张爱玲却来了电话，说来看我。我上海的家是在大西路美丽园，离她那里不远，她果然随即来到了。我一见张爱玲的人，只觉与我所想的全不对。她进来客厅里，似乎她的人太大，坐在那里，又幼稚可怜相，待说她是个女学生，又连女学生的成熟亦没有。我甚至怕她生活贫寒，心里想战时文化人原来苦，但她又不能使我当她是个作家。”（《今生今世》）

是的，张爱玲就是这样一个奇怪的人，闭门谢客的是她，让别人吃闭门羹的是她，突然改变主意登门造访的也还是她。就这样，这个不按套路出牌的人去见了胡兰成。两个人，第一次见了面，只一眼，就叫人深陷其中。

“张爱玲的顶天立地，世界都要起六种震动。是我的客厅今天变得不合适了。她原极讲究衣裳，但她是个新来到世上的人，世人各种身份有各种值钱的衣料，而对于她则世上的东西都还没有品级。她又像十七八岁正在成长中，身体与衣裳彼此叛逆。她的神情，是小女孩放学回家，路上一人独行，肚里在想什么心事，遇见小同学叫她，她亦不理，她脸上的那种正经样子。

她的亦不是生命力强，亦不是魅惑力，但我觉得面前都是她的人。我连不以为她是美的，竟是并不喜欢她，还只怕伤害她。美是个观念，必定如何如何，连对于美的喜欢亦有定型的感情，必定如何如何，张爱玲却把我的这些全打翻了。我常时以为很懂得了什么叫惊艳，遇到真事，却艳亦不是那艳法，惊亦不是那惊法。”（《今生今世》）

在胡兰成的眼里，这个女子是这样的独特而有魅力。而胡兰成亦是“惊艳”了张爱玲，这个情窦初开的女子，自此对他一见钟情。

一个俊朗儒雅，一表人才；一个俊美大方，两人互相惊艳了彼此，这一刻，动了情。一个是寻着她的文字而去，一个则迎着他的才华而来，金风玉露就此相逢。

在胡兰成眼里，张爱玲是身材高大的，整个客厅都显得突兀了，可那一张脸上却又是让人怜爱的清纯与稚嫩，即使是奇装异服的打扮也没有半点不协调的感觉，张爱玲就是因为这样的“全打翻”的贵族气质而入了胡兰成的眼，他从没见过这样的女子。

胡兰成的侄女胡青芸也回忆过那一次的场景，说起过当年的印象：“张爱玲长得很高，不漂亮，看上去比我叔叔还高了点。服装跟人家两样的——奇装异服。她是自己做的鞋子，半只鞋子黄，半只鞋子黑的，这种鞋子人家全没有穿的；衣裳做的古老衣裳，穿旗袍，短旗袍，跟别人家两样的……”

可毕竟是文人相逢，才华和见识才是真正的重点，这一点胡兰成也是意识到了的。“我竟是要和张爱玲斗，向她批评今时流行作品，

又说她的文章好在哪里，还讲我在南京的事情，因为在她面前，我才如此分明的有了我自己。”（《今生今世》）既然这个人是张爱玲，就更要显现自己的真正本领了，文韬武略，十八般武艺恨不得都搬出来。

胡兰成跟张爱玲谈古今、论时事，从文学讲到艺术，从艺术衍生到音乐，又从音乐蹦到诗词歌赋，谈名著。讲述自己的童年趣事，求学之路，官道浮沉，讲自己在南京时候的事情，无话不说无话不讲，滔滔不绝。

“读了张爱玲的文章，也自然会对她的文章研究一二，然后会点评给张爱玲听她的每一篇文章的读后感，精辟独到，简明扼要。我而且问她每月写稿的收入，听她很老实的回答。初次见面，人家又是小姐，问到这些是失礼的，但是对着好人，珍惜之意亦只能是关心她的身体与生活。”（《今生今世》）

看，就是这样的胡兰成，会在谈天说地之后也不忘关心张爱玲本身的一些问题，从文学到身体再到生活，处处皆有心，处处皆呵护，处处皆有情。而张爱玲能做的便是安静地在那里望着他，望着这个全身发光的胡兰成。听他的故事，听他的点评，听他嘘寒问暖，这一坐便是整整五个小时，可对张爱玲来说却是特别的五个小时。

枯燥吗？怎么会，一见钟情之后，又是用才智来进行第二波的攻击，这对情场浪子胡兰成有什么难的呢？这对于一个情窦初开的女子又有什么可以拒绝的呢？

大概，因为喜欢了吧，便觉得他说的每一句话、每一个眼神、每一个动作都会更是喜欢的不得了。而这一刻的张爱玲或许还不太懂自己内心的想法与喜欢，只是觉得眼前的这个人是如此的让人着迷，想要沦陷；这样的知音一辈子又能遇到几个呢？

爱情是什么呢？张爱玲写过那么多的爱情故事，却写不出自己的爱情里的模样，突然出现了这样的一个男子，再好的文笔也不及初见时的怦然心动那样美好了。也是这样的五个小时，命运彻底地颠覆了他们两个，尤其是那个年纪轻轻的张爱玲。

在一个陌生人的家里，与一个陌生的男人，初次见面就面对面地畅谈五个小时。以张爱玲孤寡骄矜的性格来说，这完全匪夷所思。爱情萌生在这里，扎根在了张爱玲的心里，才子佳人正是贴合这一幅场景了。

时候也不早了，张爱玲要走了，胡兰成便起身送她。两人并肩走在弄堂里，巷子很长，他俩就肩并肩地走着，风度翩翩的胡兰成终究是印在了张爱玲的眼里、心里。这样的感觉，就好比夫妇一般，丈夫为妻子送行。

“后来我送她到弄堂口，两人并肩走，我说：‘你的身材这样高，这怎么可以？’只这一声就把两人说得这样近，张爱玲很诧异，几乎要起反感了，但是真的非常好。”（《今生今世》）

3. 再相遇已是芳心暗许

缘分是个奇妙的东西，让陌生的人相遇，让相遇的人相知，让相知的人坠入爱河。一见倾心的两人自然是想要更多的空间去相互了解，对于那个浪子来说更是迫切地想要攻下张爱玲的城池。

两人分别之后的第二天，胡兰成就主动寻了张爱玲的住处，再一次敲响了那扇门，也同时敲响了张爱玲的心。是的，张爱玲这次没有将他拒之门外，门打开了，心也就打开了。

“第二天我去看张爱玲。她房里竟是华贵到使我不安，那陈设与家具原简单，亦不见得很值钱，但竟是无价的，一种现代的新鲜明亮断乎是带刺激性。阳台外是全上海在天际云影日色里，底下电车当当的来去。张爱玲今天穿宝蓝绸袄裤，戴了嫩黄边框的眼镜，越显得脸儿像月亮。三国时东京最繁华，刘备到孙夫人房里竟然胆怯，张爱玲房里亦像这样的有兵气。”（《今生今世》）

胡兰成自幼家贫，生活过得也是艰辛的，面对张爱玲的屋内摆饰，胡兰成是感到惊讶与惶恐的，惊讶于张爱玲的贵气，惶恐于自己的出身低微，这让胡兰成会局促不安也是理所当然的。

再看向张爱玲的着装打扮就又是惊艳了一番，盛装恭迎的张爱玲又与昨日是另一种样子了，精美的华服更是凸显了她的美丽高贵，这让胡兰成联想到了《三国演义》里的情景，在张爱玲的屋子里找到了那种“兵气”。这样的布置与张爱玲的打扮相得益彰。

昨日的五个小时看来是不尽兴的，胡兰成又继续他的文采世界，一坐就又是一个下午，张爱玲也心甘情愿地陪了一个下午。“我在她房里亦一坐坐得很久，只管讲理论，一时又讲我的生平，而张爱玲亦只管会听。”（《今生今世》）

自然，情场得意的男子为了博得心仪女子的欢心自是有他一套办法的，更何况这个大她十四岁的胡兰成更是拥有高情商、高学问而又一表人才，又怎么会没有一套谋略呢？斗起来更是能让张爱玲愿意投怀送抱吧。

可他又懂得谦虚一下的，“但我使尽武器，还不及她的只是素手。张爱玲的祖父张佩纶与李鸿章的小姐配婚姻，是有名的佳话，因我说起，她就把她祖母的那首诗抄给我看，却说她祖母并不怎样会作诗，这一首亦是她祖父改作的。她这样破坏佳话，所以写得好小说。”（《今生今世》）女人也是需要夸赞的，赞美之后更能攻城略地了。

“张爱玲因说，她听闻我在南京下狱，竟也动了怜才之念……我听了只觉得她幼稚可笑，一种诧异却还比感激更好。我连没有去比拟张佩纶当年，因为现前一刻值千金，草草的连感动与比拟都没有工夫。”（《今生今世》）

甜言蜜语之下，张爱玲更是柔软了心，便也道出为胡兰成奔波求情的事情，他是诧异的，一个未曾谋面的身份高贵的名噪一时的女子却偏偏为了他而低下头求人，有谁不会感动呢？

就这样带着感动与惊喜愉快地度过了一个下午的时光。回到家中的胡兰成仍然是无法平息内心的激动与喜欢，“回家我写了第一封信给张爱玲，竟写成了像‘五四时代’的新诗一般幼稚可笑，张爱玲也诧异，我还自己以为好。都是张爱玲之故，使我后来想起就要觉得难为情。但我信里说她谦逊，却道着了她，她回信说我‘因为懂得，所以慈悲’。”（《今生今世》）

情书的内容或许没有打动张爱玲，真正打动她的也就是因为胡兰成的懂得吧，欣赏张爱玲，懂得张爱玲，这样的男子也正是自己所追寻的，也是因为他的懂得而让自己竟慈悲了起来。

自此，张爱玲的世界里彻底地装下了胡兰成这个人，从一见钟情，到相互懂得，不过短暂的几天而已，爱情来得是这样的猛烈，心动的滋味也竟是这样的，张爱玲的爱情因胡兰成的出现而成形。一代文人恋爱了！

“从此我每隔一天必去看她。才去看了她三四回，张爱玲忽然很烦恼，而且凄凉。女子一爱了人，是会有这种委屈的。她送来一张字条，叫我不要再去看她，但我不觉得会有什么事冲犯，当日仍又去看她，而她见了我亦仍又欢喜。以后索性变得天天都去看她了。”（《今生今世》）

这才是张爱玲，让人又怜又爱的张爱玲，她也有了自己的爱情的脾气，一面觉得烦恼，一面又是欢喜的不得了；而胡兰成也是懂得她的，怎么会因为拒绝就乖乖地听从了呢，欲拒还迎的表现更是爱情的催化剂。

爱情里，女孩子的脾气是捉摸不定的，可是张爱玲耍的小脾气又被胡兰成吃得死死的，怎么不叫她更爱这个男子呢？他都懂还有什么好怕的呢？于是两人隔三差五地就腻在一起，聊人生、谈文艺、吃点心、喝花茶，郎有情，妾有意。

“因我说起登在《天地》上的那张照相，翌日她便取出给我，背后还写有字：见了他，她变得很低很低，低到尘埃里，但她心里是欢喜的，从尘埃里开出花来。

她这送照相，好像吴季札赠剑，依我自己的例来推测，那徐君亦不过是爱悦，却未必有要的意思。张爱玲是知道我喜爱，你既喜爱，我就给了你，我把照相给你，我亦是欢喜的。而我亦只端然地接受，没有神魂颠倒。各种感情与思想可以只是一个好，这好字的境界是

还在感情与思念之先，但有意义，而不是什么的意义，且连喜怒哀乐都还没有名字。”（《今生今世》）

遇到胡兰成，张爱玲在尘埃之中开出了花来，她把自己看得是这样的低，再不是那个在文坛肆意张扬的张爱玲，也不是那个不把任何人放在眼里的张爱玲了，在胡兰成面前，这个张爱玲为了爱而变得很低很低。

至此，张爱玲彻底做了胡兰成的爱情俘虏。

4. 那场不被人祝福的倾城之恋

见了他，她变得很低很低，低到尘埃里，但她心里是欢喜的，从尘埃里开出花来。那一年，胡兰成 38 岁，张爱玲 24 岁。他们的爱情注定是一场传奇，他们的爱情注定是一场倾城之恋。

胡兰成比张爱玲大很多岁，这样的年纪能够得到张爱玲喜爱，除了胡本人的才华之外，或许还有一个原因，那就是张爱玲的恋父情结。

自小因母亲的决绝离去让张爱玲只能与父亲在一起生活，对于父亲的依恋远远多于母亲。和父亲相依为命的时候，即便是父亲落魄，吸食大烟，但那时候的父亲是爱着张爱玲的，在她的眼里父亲是她小时候的全部。直到继母的出现，让她与父亲之间出现了更深的隔阂，而张爱玲只是怪罪继母，父亲待她不如往日了就越发怀念从前的那个父亲。

而胡兰成的出现是这样的恰巧，满足了对父亲的幻想，又满足了心里对爱人的幻想。既有父爱的沉稳，又有来自情人的呵护。这场热恋也就这样开始了，爱的如倾城之恋。

胡兰成到了南京之后，张爱玲给胡兰成寄去了一封信。胡兰成内心是欢喜的，欢喜的是张爱玲是喜欢着他了；欢喜张爱玲是接受了这样的一个胡兰成了。

就这样，胡兰成每次忙完工作就会回到上海，回到上海之后不是回家，而是马不停蹄地去看张爱玲，敲开张爱玲的门之后就会对张爱玲说一句："我回来了。"

两人就这样有了自己的小空间，张爱玲的姑姑白天上班，不会在家，胡兰成也就代替了姑姑的位子。二人又是这样谈天说地，聊很多很多的话，一直待到黄昏之后胡兰成才从张爱玲的住处出来。

热恋中的人总是欢喜无常的，有一回晚上，胡兰成从张爱玲的住处出来之后便去了熊剑东的家中做客，他们夫妇二人在和朋友打牌，胡兰成便在一旁看着打牌。胡兰成眼睛是看着麻将牌的，而心思早就是飘飘然的了，只感觉全身好像是痒痒的，坐立不安，满是张爱玲，想着想着就抑制不住了，想要唱歌，想要说话，觉得那屋里的电灯都在笑话着这个时候的胡兰成。他已经在爱情里欢乐得不知所措了。

就这样，每次回到上海，胡兰成与张爱玲两人就伴在房里，男的废了耕，女的废了织，连同道出去游玩都不想，亦且没有工夫。

"我们两人在一起时，只是说话说不完。在张爱玲面前，我想说些什么都像生手拉胡琴，辛苦吃力，仍道不着正字眼，丝竹之音亦变为金石之声，自己着实懊恼烦乱，每每说了又改，改了又悔。但张爱玲喜欢这种刺激，像听山西梆子似地把脑髓都要砸出来，而且听我说话，随处都有我的人，不管是说的什么，张爱玲亦觉得好像"攀条摘香花，言是欢气息"。

……

牵牛织女鹊桥相会，喁喁私语尚未完，忽又天晓，连欢娱亦成了草草。《子夜歌》里有：

一夜就郎宿，通宵语不息。

黄蘗万里路，道苦真无极。

我与张爱玲却是桐花万里路，连朝语不息。"（《今生今世》）

胡兰成每次回到上海都要泡在张爱玲那里，这自然被张爱玲的姑姑看出来了。她的姑姑也是不看好两人的恋情的，又深知胡兰成的背景以及他的风流，劝诫是有的，可已经深陷其中的张爱玲又怎么会听这些呢？况且张爱玲又是不关心政治的人。

不被人祝福又怎样，张爱玲只管一心一意的去爱罢了。后来，张爱玲在与胡兰成的聊天中知道了胡兰成的庶母的故事，于是她写下了这样一篇文章：

这是真的。

有个村庄的小康之家的女孩子，生得美，有许多人来做媒，但都没有说成。那年她不过十五六岁吧，是春天的晚上，她立在后门口，手扶着桃树。她记得她穿的是一件月白的衫子。对门住的年轻人同她见过面，可是从来没有打过招呼的，他走了过来。离得不远，站定了，轻轻的说了一声："噢，你也在这里吗？"她没有说什么，他也没有再说什么，站了一会，各自走开了。

就这样就完了。

后来这女人被亲眷拐子卖到他乡外县去作妻，又几次三番地被转卖，经过无数的惊险的风波，老了的时候她还记得从前那一回事，常常说起，在那春天的晚上，在后门口的桃树下，那年轻人。

于千万人之中遇见你所遇见的人，于千万年之中，时间的无涯的荒野里，没有早一步，也没有晚一步，刚巧赶上了，那也没有别的话可说，唯有轻轻地问一声："噢，你也在这里吗？"

这样的巧让张爱玲爱上了胡兰成，这样的遇见让张爱玲诠释了自己的爱情，这样的爱，让张爱玲一次一次迷恋。

热恋中的女人也总是这样的，认为自己遇到了这辈子的良人。

这样的二人世界如了二人的愿，浪子胡兰成给了张爱玲初恋的美好。

爱情在他们二人的身上萌生并且以燎原之火的形式蔓延开来。对于张爱玲来说，简简单单，只要有爱情，就是她的面包，她的食粮。

张爱玲没有任何名分，她也不去想，她相信只要是爱，就值得。不被人祝福就自己为自己祝福，自己为自己创造出倾城之恋。

5. 私定终生，唯愿岁月静好

两人在颠沛流离的上海过上了诗意的生活，从热恋到同居。面对别人的非议，他们选择了避之不听，这样的张爱玲也是顺了胡兰成的眼。

“我与张爱玲亦只是男女相悦，《子夜歌》里称‘欢’，实在比称爱人好。两人坐在房里说话，她会只顾孜孜地看我，不胜之喜，说道：‘你怎这样聪明，上海话是敲敲头顶，脚底板亦会响。’后来我亡命雁荡山时读到古人有一句话“君子如响”，不觉的笑了。她如此兀自欢喜得诧异起来，会只管问：“你的人是真的么？你和我这样在一起是真的么？”还必定要我回答，倒弄得我很僵。一次听张爱玲说旧小说里有‘欲仙欲死’的句子，我一惊，连声赞道好句子，问她出在哪一部旧小说，她亦奇怪，说‘这是常见的呀’，其实却是她每每欢喜得欲仙欲死，糊涂到竟以为早有这样的现成语。”（《今生今世》）

口口声声说着与张爱玲是男女相悦，而这时候的胡兰成家中有妻全慧文，还有一个叫应英娣的歌女。如此风流，还招惹了张爱玲，可张爱玲却又一心只管去爱，飞蛾扑火的爱，其他全都不考虑在内。

“前此我问张爱玲向来对结婚的想法，她说她没有怎样去想这个。她且亦不想会与何人恋爱，连追求她的人好像亦没有过，若有，大约她亦不喜。总之现在尚早，等到要结婚的时候就结婚，亦不挑三挑四。有志气的男人对于结婚不结婚都可以慷慨，而她是女子，却亦能如此。

“但她想不到会遇见我。我已有妻室，她并不在意。再或我有许多女友，乃至挟妓游玩，她亦不会吃醋。她倒是愿意世上的女子都欢喜我。而她与我是即使不常在一起，相隔亦只如我一人在房里，而她则去厨下取茶。我们两人在的地方，他人只有一半到得去的，还有一半到不去的。”（《今生今世》）

张爱玲都不在乎，还有什么是值得担心的呢？她只认为胡兰成此刻是爱着她一人的，又是爱又是懂得，又是慈悲，又是花言巧语地编织她与他的二人世界。

“可是天下人要像我这样欢喜她，我亦没有见过。谁曾与张爱玲晤面说话，我都当它是件大事，想听听他们说她的人如何生得美，但他们竟连惯会的评头品足亦无。她的文章人人爱，好像看灯市，这亦不能不算是一种广大到相忘的知音，但我觉得他们总不起劲。我与他们一样面对着人世的美好，可是只有我惊动，要闻鸡起舞。”（《今生今世》）

胡兰成也是喜欢讨好张爱玲的，他更是想要全世界的人都知道他是喜欢着张爱玲的，于是当看到杂志上有批评张爱玲文章的时候，胡兰成站了出来。

“杂志上也有这样的批评，说张爱玲的一支笔千姣百媚，可惜意识不准确。还有南京政府的一位教育部长向我说：‘张小姐于西洋文学有这样深的修养，年纪轻轻可真是难得。但她想做主席夫人，可真是不好说了！’我都对之又气恼又好笑。关于意识的批评且不去谈它，因为张爱玲根本没有去想革命神圣。但主席夫人的话，则她文章里原写的是她在大马路外滩看见警察打一个男孩，心想做了主席夫人就可拔刀相助，但这一念到底亦不好体系化的发展下去云

云，如此明白，怎会不懂？而且他们说她文彩欲流，说她难得，但是他们为什么不也像我的欢喜她到了心里去。”（《今生今世》）

胡兰成的工作基地在南京，与张爱玲聚少离多也是难免的。胡兰成去南京的时候，张爱玲面对分别与异地的思念是很深的，她总是会忍不住给胡兰成写信，诉说情思，在一次信里说：“你说没有离愁，我想我也是的，可是上回你去南京，我竟要感伤了！”她后来又写信说：“我想过，你将来就只是在我这里来来去去亦可以。”

再直白一点就是，我什么都不要，名分、地位我都不要，我只要你在我身边，爱我就好。

所以，胡兰成认为：“我与张爱玲只是这样，亦已人世有似山不厌高，海不厌深，高山大海几乎不可以是儿女私情。”

这样轰动的爱恋也必然是传到了姨太太英娣的耳朵里，知道内情的英娣，就从南京赶到上海，去看一眼这热恋中的二人是怎样的。而英娣是个性子倔的人，容不得自己之后胡兰成又娶别人，所以她选择了与胡兰成离婚。

“但英娣竟与我离异，我们才亦结婚了。是年我三十八岁，她二十三岁。我为顾到日后时局变动不致连累她，没有举行仪式，只写婚书为定，文曰：

胡兰成张爱玲签订终身，结为夫妇，愿使岁月静好，现世安稳。

上两句是张爱玲撰的，后两句我撰，旁写炎樱为媒证。”（《今生今世》）

就这样，二人在1944年8月的时候结婚了，简单而仓促，没有隆重的婚礼场景，没有华丽的婚服，也没有宾朋满座的热闹，来的只有证婚人炎樱和胡兰成的侄女胡青芸，而且青芸还是偷偷地跟踪而来。

胡青芸回忆说，那天清晨她的六叔胡兰成出门时表现反常，穿着新衣在镜子面前左转右转，照了又照。胡青芸觉得好奇，便一路悄然跟踪，跟到了张爱玲家。到了之后才幡然醒悟，她的六叔叔又要结婚了。

1944 年 8 月间，胡张二人结婚。只愿岁月静好，现实安稳。“我们虽结了婚，亦仍像是没有结过婚。我不肯使她的生活有一点因我之故而改变。两人怎样亦做不像夫妻的样子，却依然一个是金童，一个是玉女。”（《今生今世》）

婚后的二人仍然是腻在爱情里，生活也照旧着，胡兰成仍然是跑完南京跑上海，就又好像是没有结婚一样。

“我在张爱玲这里，是重新看见了我自己与天地万物，现代中国与西洋可以只是一个海晏河清。《西游记》里唐僧取经，到得雷音了，渡河上船时梢公把他一推，险些儿掉下水去，定性看时，上游头淌下一个屍身来，他吃惊道，如何佛地亦有死人，行者答师父，那是你的业身，恭喜解脱了。我在张爱玲这里亦有看见自己的身的惊。我若没有她，后来亦写不成《山河岁月》。

我们两人在房里，好像‘照花前后镜，花面交相映’，我与她是同住同修，同缘同相，同见同知。张爱玲极艳。她却又壮阔，寻常都有石破天惊。她完全是理性的，理性到得如同数学，它就只是这样的，不着理论逻辑，她的横绝四海，便像数学的理直，而她的艳亦像数学的无限。我却不准确的地方是夸张，准确的地方又贫薄不足，所以每要从她校正。前人说夫妇如调琴瑟，我是从张爱玲才得调弦正柱。”（《今生今世》）

6. 她的爱情，于他不过是一场游戏

“死生契阔，与子成说。执子之手，与子偕老。”这是张爱玲以为的与胡兰成的爱情。新婚燕尔的夫妇是很恩爱的，婚后的生活我们也能从胡兰成的《今生今世》里窥探一二：

一日午后好天气，两人同去附近马路上走走。张爱玲穿一件桃红单旗袍，我说好看，她道：“桃红的颜色闻得见香气。”还有我爱看她穿那双绣花鞋子，是她去静安寺庙会买得的，鞋头连鞋帮绣有双凤，穿在她脚上，线条非常柔和。她知我欢喜，我每从南京回来，在房里她总穿这双鞋。

有时晚饭后灯下两人好玩，挨得很近，脸对脸看着。她的脸好像一朵开得满满的花，又好像一轮圆得满满的月亮。张爱玲做不来微笑，要就是这样无保留的开心，眼睛里都是满满的笑意。我当然亦满心里欢喜，但因为她是这样美的，我就变得只是正经起来。我抚她的脸，说道：“你的脸好大，像平原缅邈，山河浩荡。”她笑起来道：“像平原是大而平坦，这样的脸好不怕人。”她因说《水浒传》里有写宋江见玄女，我《水浒传》看过无数遍，唯有这种地方偏记不得，央她念了，却是“天然

妙目，正大仙容”八个字，我一听当下默住，竟离开了刚才说话的主题，却要到翌日，我才与她说：“你就是正大仙容。”但上句我未听在心里，央她又念了一遍。

还有一次也是，我想要形容张爱玲行坐走路，总口齿艰涩，她就代我说了，她道：“《金瓶梅》里写孟玉楼，行走时香风细细，坐下时淹然百媚。”我觉淹然两字真是好，张爱玲说来听听，张爱玲道：“有人虽遇见怎样的好东西亦滴水不入，有人却像丝绵蘸着了胭脂，即刻渗开得一场糊涂。”又问我们两人在一起时呢？她道：“你像一个小鹿在溪里吃水。”

张爱玲真是锦心绣口。房里两人排排坐在沙发上，从姓胡姓张说起，她道：“姓崔好，我母亲姓黄亦好，《红楼梦》里有黄金莺，非常好的名字，而且写的她与藕官在河边柳阴下编花篮儿，就更见这个名字好了。”她说姓胡好，我问姓张呢？她道：“张字没有颜色气味，亦还不算坏。牛僧孺有给刘禹锡的诗，是这样一个好人，却姓了牛，名字又叫僧孺，真要命。”我说胡姓来自陇西，称安定胡，我的上代也许是羌，羌与羯氐鲜卑等是五胡。张爱玲道：“羌好。羯很恶，面孔黑黑的。氐有股气味。鲜卑黄胡须。羌字像只小山羊走路，头上两只角。”

她只管看着我，不胜之喜，用手指抚我的眉毛，说：“你的眉毛。”抚到眼睛，说：“你的眼睛。”抚到嘴上，说：“你的嘴。你嘴角这里的涡我喜欢。”她叫我“兰成”，我当时竟不知道如何答应。我总不当面叫她名字，与人是说张爱玲，她今要我叫来听听，我十分无奈，只叫得一声“张爱玲”，登时很狼狈，她也听了诧异，道：“啊？”对人如对花，虽日日相见，亦竟是新相知，何花娇欲语，你不禁想要叫她，但若当真叫了出来，又怕要惊动三世十方。（《今生今世》）

张爱玲为他意乱情迷，为胡兰成的夸赞而高兴到云端里。这就是全部吗？不，这只不过是他们爱情里的一小部分罢了，张爱玲以为这是全部，而胡兰成仍然是那个风流的胡兰成，仍然是那个在情场里挥霍着的胡兰成，仍然是那个汉奸胡兰成。

1944年底，汪精卫因枪伤复发不治，死在日本名古屋帝国大学附属医院。至此，南京伪政府倒台，那些所谓的汉奸能做的便就是有多远逃多远了。胡兰成开始了自己的逃亡生活，在池田的斡旋下前往武汉，接手《大楚报》。就这样，新婚不到一年两人就异地分居了，张爱玲对胡兰成的思念更是无处诉说。

可是，对胡兰成来说这就等同于自由了！于是他的本性又复发了。到武汉不过一个月，他就盯上了一个刚满十七岁的女孩子。

1945年，胡兰成去汉阳发表演讲，不幸生了一场病，便住进了汉阳医院。这场病也说巧不巧，让这个浪子胡兰成遇到了一个姓周的小护士。情场老手的胡兰成怎会轻易放过这个年轻的小姑娘呢？

年轻、漂亮、活泼、聪明、调皮，这对胡兰成是绝对的诱惑。他见后夸她“虽穿一件布衣，亦洗得比别人的洁白，烧一碗菜，亦捧来时端端正正”。

这一刻，他早已把远在上海痴痴等他盼他的张爱玲抛到了九霄云外。索性就正大光明地追起这个小护士来，聊天，吃饭，散步，司马昭之心，路人皆知。

小周也知道胡兰成是有妻子的，可奈何如此年轻单纯的女孩又怎能招架得住胡兰成的猛烈攻势呢？甜言蜜语之中，小周做了胡兰成的情人，二人同居了。

回到上海的胡兰成如实地告诉了张爱玲他与小周的事情，可张爱玲面对自己的丈夫“红杏出墙”却选择了原谅！胡兰成也说：“每有好花开出墙外，我不曾想到要避嫌，爱玲这样小气，亦糊涂得不知道妒忌。”

这等糊涂，以为自己是不屑与之计较，可殊不知，这不过是胡兰成对爱情的不忠不贞，不过是玩弄张爱玲的感情罢了。张爱玲不知道，等待她的是“人面桃花相映去，桃花依旧笑春风”。胡兰成终究不是那个善于经营婚姻的男子，于他，风流才是趣事。

7. 挥泪斩情思，至此两不欠

胡兰成与小周的事情，不过是故事的开始，等待张爱玲的还有彻骨的痛。日子照样过，阳历五月的时候，胡兰成再次回到了汉阳。站在飞机场，此时的汉口沉浸在一片暮色炊烟之中，竟使他觉得这里才是他的归处，引得他来不及看美景只想要去见那个梦中人，归心似箭。

这样的爱情没有持续多久，胡兰成就大难临头了。1945 年 8 月 15 日，日本宣布投降，胡兰成只能如丧家之犬般再次踏上了逃亡的生活。这时候他也顾不得那个小情人护士了，又抛弃了一个痴情的姑娘。

胡兰成起初逃到了南京，几经周折又回到了上海，在张爱玲那里留宿了一晚，都来不及向张爱玲宣泄自己的相思就又离开了。辗转来到杭州以后，身心俱疲的胡兰成有了一点点的安全感。杭州，这是他曾经生活过的地方，随后又暂住在侄婿沈凤林的姐姐绍兴皋埠的家里，勉强住下两天后又去往了同学斯颂德的老家诸暨，可偏偏颠沛流离之中的胡兰成又对人家小老婆起了风流之心。

清查汉奸的风声愈来愈大，就连诸暨也待不下了。走为上计，他随后逃到了温州，逃亡路上就多了一个范秀美，二人一起逃到了范秀美的娘家避难。这又是一个痴情的女子，可胡兰成后来回忆起来的时候说了这样一句："我在忧患惊险中，与秀美结为夫妻，不是没有利用之意，要利用人，可见我不老实。"

胡兰成也是知道自己的不老实的，身边有另一个女子的时候也没有忘记那个护士，胡兰成在报上看到，周训德因他之故被捕，心里大为震动，曾起了念头要去武汉自首，换小周出来。然而，这个想法也终究是个想法罢了，在心里念了念便又安慰自己说她终会是能够被释放出来的。

到温州之后，胡兰成改名换姓，姓张名嘉仪，自称是张爱玲的祖父张佩纶的后裔，一边借着张爱玲的关系，一边思念着狱中的小护士，一边又娶了范秀美为自己的妻子，胡兰成是这样的忙！

千算万算，还是没有算出张爱玲的出现。1946 年 2 月的时候，张爱玲"爬山涉水"千里迢迢地来看丈夫胡兰成，害怕他会发生什么事。她对着夫君温柔似水地说："我从诸暨、丽水来，路上想着这是你走过的，及在船上望得见温州城了，想你就住在那里，这温州城就含有宝珠在放光。"

本以为自己的丈夫听完会感动或者将她揽入怀中的时候，不料胡兰成却冲着张爱玲吼道："你来这里做什么？还不快回去！"

张爱玲是知道胡兰成已经与范秀美同居的事，可她仍然是宽容的，认为一个身处险境的男人，远在外地寻找些安慰是难免的，何况范秀美掩护了他，乱世中在一起，也只是权宜之计。

没有责备，只是宽容而已。张爱玲在欺骗自己，为自己的爱编织谎言，却仍不自知。两个妻子同在一个城市了，爱的天平却再也不会偏向于张爱玲了。"张爱玲并不怀疑秀美与我，因为都是好人的世界，自然会有一种糊涂。唯一日清晨在旅馆里，我倚在床上与张爱玲说话很久，隐隐腹痛，却自忍着，及后秀美也来了，我一见就向她诉说身上不舒服。秀美坐在房门边一把椅子上，单问痛得如何，

说等一回泡杯午时茶吃就会好的。张爱玲当下很惆怅，分明秀美是我的亲人。”（《今生今世》）

自己的丈夫竟在自己的眼前与别的女人亲近如亲人，心中的痛没人会懂得，可这又是自己的宽容的罪过啊。

张爱玲想让胡兰成做一个选择，可是终究还是失望了，张爱玲自伤自怜地说：“我要你选择，你到底不肯。我倘使不得不离开你，虽不致寻短见，亦不能够再爱别人，我将只是萎谢了！”

张爱玲选择了离开，眼里再不想看这个曾许她现世安稳的胡兰成了。可爱不是轻易就放下的，自己一边舔舐着伤口，一边又寄给胡兰成些钱让他不至于艰苦。

1946年胡兰成在侄女的帮助下再见了久别一年的张爱玲，可终究也是物是人非了。曾经爱得不可收拾的两人现如今只是相顾无言了。张爱玲忍无可忍，与胡兰成争执起来，她终于明白了眼前这个胡兰成再不是自己的良人了，张爱玲不愿意再陪他做梦了。当夜，二人分睡，胡兰成在客厅沙发上蜷了一夜。

天亮后，胡兰成要离开了，他来到张爱玲床前，俯身亲吻张爱玲，张爱玲哭着喊了他一声“兰成”，或许那一刻张爱玲呼喊的是自己过去的爱情，哽咽的是曾经的美好终究是不复存在了，深爱着的丈夫也终究是离去了。“我心里震动，但仍不去想别的。我只得又回到自己的床上睡了一回。天亮起来，草草弄到晌午，就到外滩上船往温州去了。”（《今生今世》）

胡兰成离去了，这是他们的最后一次见面。1947年6月10日，胡兰成收到了张爱玲的信。

“我拆开才看得第一句，即刻好像青天白日里一声响亮，却奇怪我竟是心思很静。张爱玲写道：

我已经不喜欢你了。你是早已不喜欢我了的。这次的决心，我是经过一年半的长时间考虑的，彼时唯以小吉故，不欲增加你的困难。

你不要来寻我，即或写信来，我亦是不看的了。

我才想起一年半前她来温州，两人在小巷里走，要我选择她或小周，而我不肯。我且又想起她曾几次涕泣，一次她离温州的船上，一次是我这次离上海时。此外想必还有哭过，为我所不知道的。”(《今生今世》)

爱，覆水难收。张爱玲这朵在尘埃里开出的花彻底地萎谢了。他去他的未来，她去她的未来，至此两不欠。

第七章　洗尽铅华，民国奇女子重出江湖

“生命是一袭华美的袍，爬满了蚤子。”张爱玲的袍子上终究还是爬上了“蚤子”，再华美的岁月也不过是曾经，再美好的爱情也只留在了张爱玲的心里。

胡兰成逃亡远方，一边躲藏，一边风流。可张爱玲不能，张爱玲只有一支笔，只有用满腹的文学来证明自己。重出江湖，再一次为自己而活，投身于电影圈中，《不了情》《太太万岁》让张爱玲凤凰涅槃。洗尽铅华，生命中不再有胡兰成这个人，有的只是写不停的创作了。

1. 那段被围攻的岁月

有人这样说过："只有张爱玲才可以同时承受灿烂夺目的喧闹与极度的孤寂。"自从她爱上了胡兰成这个男子并与之结婚后，也就注定了她要享受孤寂。谁让她爱上的是那个千夫所指的汉奸胡兰成呢？

1945年，这是胡兰成声名狼藉的彻底转折点，他落荒而逃。而张爱玲也同样好过不到哪里去，面对她的是越来越多的指责与谩骂，情感与创作都遇到了瓶颈。

可以说，张爱玲的爱情爬满了蚤子，然而人们还是没有放过这个被爱情弄得伤痕累累的女人，反而非要把她与抛弃她的胡兰成捆绑在一起，想要"株连九族"才能消恨。一时间，这个弱女子被胡兰成连累，背上了"文化汉奸"的名号。与之对应，张爱玲的创作也从巅峰步入了低谷，这一段期间也甚少发表作品了。1945年4月出版的上海《杂志》第15卷第一期，其中的"文化报道"栏内写道："张爱玲近顷甚少文章发表，现正埋头写作一中型长篇或长型中篇，约十万字小说：《描金凤》，将收在其将于不日出版之小说集中……"

但是，埋头创作之后，《描金凤》最后却胎死腹中，因为抗战胜利了，她早已被淹没在人们粗俗的关于汉奸的流言蜚语中。

随后，在大街小巷里大家都先后见到了两本小册子，一本是《女汉奸丑史》，另一本是《女汉奸脸谱》。大家为解痛恨，不约而同地把张爱玲与陈璧君（汪精卫之妻）、杨淑慧（周佛海之妻）、莫国康（陈公博外室）、佘爱珍（吴四宝之妻，后与胡兰成结合）、川岛芳子等大小“女汉奸”相提并论，被定义为这样的名号，都已经有书为证了。

在涉及到有关张爱玲的章节的那一部分，更是用残酷无情的标题来引人注目，一个是“无耻之尤张爱玲愿为汉奸妾”，另一个是“‘传奇’人物张爱玲愿为‘胡逆’第三妾”。人言可畏，可又偏偏人们又轻信这些没有事实的根据。

更有甚者，有的对张爱玲的指责连匿名都不用了，直接实名举报张爱玲的种种“汉奸”行为。1946年3月30日上海《海派》周刊，发表了一篇署名“爱读”的短文《张爱玲做吉普女郎》。文章写道：“前些时日，有人看见张爱玲浓妆艳抹，坐在吉普车上。也有人看见她挽住一个美国军官，在大光明看电影。不知真相的人，一定以为她也做吉普女郎了。其实，像她那么英文流利的人有一二个美国军官做朋友有什么希奇呢？”

随后，1945年11月上海曙光出版社出版的署名为“司马文侦”的文章《文化汉奸罪恶史》指责：“文化界的汉奸，真是文坛妖怪，这些妖怪把文坛闹得乌烟瘴气，有着三头六臂的魔王，有着打扮妖艳的女鬼。”这正是在指责张爱玲是打扮妖艳的女鬼。

身份被黑，作品很难出版，而张爱玲也只能保持沉默，很长一段时间无事可做。现实给张爱玲泼了一身冰水，张爱玲又无法躲避冰水的袭击，她有无奈是肯定的，面对这样的世界她也有抒发过自己的感受：

我的路

走在我自己的国土。

乱纷纷都是自己人；

补了又补，连了又连的

补钉的彩云的人民。

我的人民，

我的青春，

我真高兴晒着太阳去买回来沉重累赘的一日三餐。

谯楼初鼓定天下；

安民心，

嘈嘈的烦冤的人声下沉。

沉到底。

……

中国，到底。

张爱玲已感到自己与这个时代之间的距离越来越大，感受着时代的压迫迅速地向她袭来，一种恐怖不安感袭上心头。

可沉默不是张爱玲的作风，这段时间里，她自己都觉得不像是自己了。作品不能发表，不能再穿着奇装异服出门，甚至根本不能出门了，身不由己，更像是身陷囹圄。

1946 年 11 月，《传奇》增订本出版，张爱玲也不想沉寂了，她特意为这本书加了一个前言来向世人解释，为了自己深陷流言与罪名的痛苦能够有人理解。

“我自己从来没想到需要辩白。但最近一年来常常被人议论到，似乎被列为文化汉奸之一，自己也弄得莫名其妙。我所写的文章从来没有涉及政治，也没有拿过任何津贴。想想看我，唯一的嫌疑要么就是所谓‘大东亚文学者大会’第三届曾经叫我参加，报上登出的名单内有我；虽然我写了辞函去，（那封信我还记得，因为很短，仅只是‘承聘为第三届大东亚文学者大会代表，谨辞。张爱玲谨上。’）

报上仍旧没有把名字去掉。

“至于还有许多无稽的谩骂，甚而涉及我的私生活，可以辩驳之点本来非常多。而且即使有这种事实，也还牵涉不到我是否有汉奸嫌疑的问题；何况私人的事本来用不着向大众剖白，除了对自己家的家长之外仿佛我没有解释的义务。所以一直缄默着。同时我也实在不愿意耗费时间与精神去打笔墨官司，徒然搅乱心思，耽误了正当的工作。但一直这样沉默着，始终没有阐明我的地位，给社会上一个错误的印象，我也觉得是对不起关心我的前途的人，所以在小说集重印的时候写了这样一段作为序。反正只要读者知道了就是了。”

张爱玲本就对政治不敏感，却硬被拽入政治的风波之中。本是一心想要爱情，结果被爱情玩弄得遍体鳞伤，对任何人来说都是心有不甘的。“生命是残酷的。看到我们缩小又缩小的、怯怯的愿望，我总觉得有无限的惨伤。”

在张爱玲被众人围攻的时候，罪魁祸首胡兰成却在逃亡的路上拥着别的女人甜言蜜语着，他早已忘记了这个曾让他着迷的女人，也彻底将他那句婚约纸上的“现世安稳，岁月静好”的承诺忘得烟消云散。张爱玲之于他，成为了过往。

1947年的6月10日，张爱玲也心灰意冷了，她给胡兰成写了诀别信：“我已经不喜欢你了，你是早已不喜欢我了的。这次的决心，我是经过一年半的长时间考虑的，彼唯时有小吉故，不欲增加你的困难。你不要来寻我，即或写信来，我亦是不看的了。”

2. 涉足影视业，专心电影剧本写作

1949 年，中华人民共和国成立，人们的心思开始转移，沦陷区不复存在，对张爱玲的围攻也渐渐地淡了下来。

1945 年之后的张爱玲慢慢在文坛上淡出了。政治气候的变化，很多杂志社停办，张爱玲即便是有文学作品，可杂志社又纷纷害怕舆论的指责而不敢发表张爱玲的稿子，文坛没有了张爱玲的容身之地。

沉寂许久的张爱玲没有办法停止自己创作的欲望，1947 年初，她选择从事电影业来重出江湖。于是，张爱玲就带着自己的电影剧本再次出现在人们面前。

张爱玲对电影的喜爱是无可厚非的，并且对电影的欣赏又有自己的独到之处，看电影写影评是她最喜欢的事情之一，她的职业生涯也是从写影评开始的。张爱玲是个称职的影迷，高中时代就曾在校刊上发表过《论卡通画之前途》，之后也在报刊上公开发表《借银灯》《银宫就学记》等六篇影评。她的影评为她的电影剧本创作铺设了一条道路。

从 1944 年开始，她的创作延伸到编剧上，首先是改编小说《倾城之恋》为四幕八场话剧，由大中剧艺公司在上海新光大戏院隆重上演。创作剧本时，她屡次请教创作经验丰富的柯灵；公演前夕她

又接连发表《写〈倾城之恋〉的老实话》和《罗兰观感》两篇宣传文章。现在我们无从看到原剧作与演出，但从七篇剧评中可知褒贬不一，肯定此剧的称之为“一九四四至四五年间的一出好戏”、“充满‘情调之美’，是一首诗一首悲歌”；否定此剧的称其“不能直接有益国计民生”、“仅仅供于贵族阶级欣赏”、“实在是一个并不爽快的戏”。

初试牛刀，虽然观众捧场，连演八十八场，场场爆满，但难免技巧生涩。在《走，走到楼上去》一文中，她就描写了初写剧本时的艰困，“拿去给柯灵先生看。结构太散漫了，末一幕完全不能用，真是感谢柯灵先生的指导，一次一次的改，现在我想是好得多了。”

因为有了这次尝试，她从影评者变成剧作者，虽然是舞台剧，却是另一个新开始，从此展开她的剧作创作生涯。

1946 年的 7 月，剧作家柯灵介绍张爱玲认识了参与筹办文华影业公司的著名编导桑弧，两人在聊天当中也是相互欣赏，并且愉快地成为了合作关系，自此，张爱玲就转入了电影行业。

桑弧（1916—2004 年），原名李培林，中国电影编导。1916 年生于上海，祖籍浙江宁波。四十年代初，在老一辈电影导演朱石麟的帮助和指点下，他开始电影编导和创作。

1946 年 8 月下旬，卡尔登戏剧院的老板吴性栽成立了一个文华电影公司。他邀请桑弧负责公司里的艺术创作，新公司成立，为了打响“第一炮”，桑弧决定同张爱玲一起合作为文华公司创作电影剧本，以此来增加公司的知名度和实力。

张爱玲也不负众望，思如泉涌，很快就写出了处女作电影剧本《不了情》。1947 年 2 月，文华公司将她的这部作品《不了情》作为开山之作开拍。由桑弧担任导演一职，男主角是刘琼，女主角是陈燕燕，二人都是当红明星，这也足以吸引观众的眼球。4 月，正式上映，反响强烈，轰动一时，卖座极佳。

幕后工作者也被人知晓，当然包括桑弧和张爱玲。当时桑弧 31 岁，张爱玲 26 岁。二人并不因为《不了情》的成果而满足，随即又着手合作下一部作品，写一部电影剧本，想再多一点创新，再突破一下自己。张爱玲欣然接受了导演桑弧的建议，并且全身心投入到这部作品的创作之中。

才女自然是当之无愧的，张爱玲一气呵成，完成了新的剧本——《太太万岁》，并且搬上荧屏。

《太太万岁》脱离了《不了情》的悲情基调，而是一部与之相反的世俗气息浓重的轻喜剧。作品的女主角陈思珍是一个聪明能干、心思细腻的家庭主妇，她会想办法让吝啬无比的父亲为自己的丈夫唐志远筹集资金办公司。唐志远飞黄腾达之后却移情别恋于一个交际花，而忘记这个糟糠之妻，唐母更是势力地处处为难着这个勤劳的儿媳妇。陈思珍选择了忍气吞声，仍然一心爱着自己的丈夫，在公司快要破产的时候选择帮他渡过难关，面对交际花的敲诈又能巧妙地制胜，而后又撮合成功弟弟与小姑的婚姻。故事的结局也是圆满的，丈夫回心转意，二人重归于好，过上了幸福的生活。

电影的成果除了张爱玲对作品诙谐幽默的故事情节的创作，也同样要归功于导演桑弧精致细腻的拍摄与处理，以及蒋天流、张伐、石挥、上官云珠等演员的精彩的演技。

这一段时间，也是张爱玲爱情的花真正凋谢的时候，张爱玲凭借《不了情》《太太万岁》赚得了稿酬 30 万元，她却把这些钱全部寄给了逃亡中的胡兰成，也算是对胡兰成的最后的“仁义”。

1948 年，张爱玲收获了因《不了情》、《太太万岁》电影的功名，这让她又体会到了成名的乐趣，至少在低迷之后有了一点高兴的事。快乐是短暂的，导演桑弧想要将张爱玲创作的《金锁记》改变成电影，从而开启他们第三次的合作。不幸的是，因为主演张瑞芳患上了肺结核，久治不愈后病逝，加之时局动荡，政治混乱，最终这部电影的创作只能以不欢而散而告终。二人的合作也就在这里分道扬镳了。

当然，关于这二人的绯闻也是不可避免的，张爱玲的弟弟张子静编写的《我的姐姐张爱玲》中也提到过二人的事，提到了有人想要撮合他俩在一起却未果的事情。之后在张爱玲发表《十八春》时，桑弧以笔名“叔红”评论张爱玲的作品，大力向读者引荐。但是，关于张爱玲其他的事情，我们就再没从桑弧的嘴里听说到。桑弧与张爱玲的缘分算是就此戛然而止，张爱玲的剧本创作也就此告一段落。

3. 爱情，终究是触不可及的奢侈品

张爱玲正值情感失意的时候，在她的世界里突然闯进了这样一位才华横溢的男子，无论是在张爱玲的职业上还是生活上都给予了张爱玲极大的安慰，这个人就是中国著名的导演桑弧。他的出现，缓解了张爱玲因胡兰成带给她的伤痛。

用流行的话来讲，桑弧就是张爱玲的“暖男”。桑弧，1916年12月22日出生于上海，原名李培林，原籍浙江宁波，是中国著名的导演、编剧。1941年编剧第一部作品《肉》，1944年首次执导电影《教师万岁》。1954年导演并编剧的电影《梁山伯与祝英台》获文化部1957年优秀影片金奖、1954年第八届卡罗维伐利电影节音乐片奖和1955年第九届爱丁堡电影节映主奖。1981年，他改编并独立执导根据茅盾长篇小说改编的同名影片《子夜》。2004年9月1日桑弧逝世。

有人这样评价过桑弧导演的影片：“没有黄钟大吕的宏亮，亦没有交响乐的激昂，而更接近于一把悠扬的胡琴，平缓却委婉地演绎着凡俗的小曲。

10岁那年，桑弧就失去了父母，由大哥一直把他抚养长大。年轻的时候，桑弧就已经颇具才华，而命运为他安排的角色却是平凡的。1930年，他在证券交易所当学徒。1933年，毕业于渡江大学新闻系，

后来任银行职员。他励志要当一名杰出的新闻记者。他喜欢看戏剧，也总是将看过的戏剧写成戏评，并以“醉芳”为笔名发表作品。他的才华终于被一帮包括唐大郎和卡尔登戏院老板吴性栽等票友所赏识。就这样误打误撞，桑弧进入了电影圈，开启了属于桑弧的电影时代。

1946 年 7 月，为了打响文华电影公司成立的“第一炮”，桑弧邀请张爱玲为文华公司创作电影剧本。起先张爱玲是有些犹豫的，她没有接触过电影剧本，不知道能不能成功地写出剧本来，经过桑弧和文华公司宣传主任龚之方的力劝，终于点头答应。

张爱玲为文华公司创作第一个电影剧本是《不了情》，她与桑弧的合作成功地为公司打响了打一炮，并且是开门红，电影受到了极大的好评。随后，二人又再度合作，成功地创作了《太太万岁》，可谓是梅开二度。当时桑弧 31 岁，张爱玲 26 岁。两人就这样结识了，并且他们的合作关系变成了友谊关系。除了写电影剧本，张爱玲又开始发表小说，她为《大家》创刊号创作了《华丽缘》，又把《不了情》的剧本改成了中篇小说《多少恨》。发表这些作品，凭张爱玲的一己之力是很难办到的，这就多亏桑弧和友人龚之方等人的帮助，并且《传奇》的增订版也少不了他们的帮助与周旋。

合作的关系有了，友谊也建立起来了，桑弧也就经常与张爱玲走动了。桑弧和龚之方等人经常去张爱玲家聊天，谈事情。这一段时间也是张爱玲与胡兰成离婚之后，张爱玲也或多或少地走出了那些情感的阴影，也变得开朗热情起来了。他们在一起聊天，高谈阔论，为此张爱玲还对龚之方说要好好学习一下上海话。

桑弧大张爱玲 4 岁，二人之间没有太大的差距，桑弧为人忠厚，性格拘谨，并且才华横溢，与张爱玲的几次合作也很顺利，二人相当有默契，才情匹配，很快就传出了关于二人的绯闻。

文华影片公司创始人之一龚之方回忆说，当时，桑弧年轻，人

又忠厚老实，尚未婚配，在旁人看来，张爱玲与他正是天生一对。朋友也有心要撮合他俩在一起，可又相亲未果。据龚之方当时公开的说法：“我亲自上门去替桑弧提亲，而张爱玲的反应是略感诧异。她的回答并不是语言，只是对我摇头、再摇头和三摇头，意思是叫我不要说下去了。”

1948 年，《不了情》《太太万岁》大获成功后，桑弧计划将张爱玲的名作《金锁记》改编拍成电影，开始两人的第三次合作。可是因为女主角张瑞芳久治不愈的肺结核，以及动荡的时局，最终没有合作成，到最后也就不了了之了。张爱玲和桑弧的合作到此为止。

如果张爱玲说“于千万人之中遇见你所要遇见的人，于千万年之中，时间的无涯的荒野里，没有早一步，也没有晚一步，刚巧赶上了”的那个人是胡兰成，那么桑弧的出现只能说是两个正确的人出现在了错误的时间里。让张爱玲先遇到了胡兰成，又被他伤得体无完肤之后，让张爱玲没有了再爱别人的能力后，桑弧才出现在了张爱玲的面前，晚了一步，也就错过了一辈子。

后来有一次桑弧邀请龚之方去他家吃饭，张爱玲也去了，龚之方对张爱玲说如果张爱玲能不走的话，又有桑弧这个归宿，岂非两全的美事，可是她听了之后说了一句：“恐怕这两件事都不大可能了。”

张爱玲离开上海，二人就再也没有联系过，桑弧从未提起过张爱玲。张爱玲去美国之后，也只字未提过胡兰成和桑弧。好友宋淇问起时，她只说：“你不要提，你不要提。”

4. 再次腾飞，张爱玲的华丽转身

红尘中，浮沉多少个梦
到底多少个梦，生死与共
太匆匆，转眼又一个秋
再过多少个秋，才到尽头
回首半生如梦，何处停留
住在心里的那个人，藏在泪中
回首半生匆匆，恍如一梦
你像风儿来了又走，我心满了又空
迷蒙中，化作一只风筝
随风飘泊相逢，在天涯尽头
—电视剧《半生缘》主题曲

上海解放，张爱玲置身在红色浪潮之中，通过对解放区文艺和时代脉搏的把握，张爱玲明白了自己该写什么样的作品了，她也知道，自己这样的一个政治身份是需要一些“红色作品”来冲淡一下了。

《十八春》便应运而生了，以梁京的名字在《亦报》上连载，掀起了一股高潮。这部作品于1951年结稿，全书共八十章，讲述了男女主角沈世钧与顾曼桢以及相关人物的离离合合的十八个春天的

故事。这部作品暗合了传统京剧《汾河湾》的旧典，也同样沿袭了张爱玲之前创作的男女情感的路线，是一部都市男女情感纠葛的作品。小说里涉及了几对青年男女的爱情以及婚姻并且之间所发生的一些乱世中的阴差阳错的爱情故事。

小说的背景是正在发生天翻地覆的中国近代史上，主人公们先后经历了“九·一九”“一二·八”抗战胜利、国民党接管、上海解放、支持东北，这样动荡的局势里掺杂着乱世爱情。

他们是几个平凡的青年男女，是一群随处可见的都市青年，世钧曼桢叔惠翠芝，他们上演着的也是并不离奇的爱情故事，但却搁置在了不一样的时代背景下，所谱写的爱恨情仇也就变得不平凡了。痴情、怨恨、脆弱、无奈……

“他和曼桢认识，已经是多年前的事了。算起来倒已经有十八年了—真吓人一跳，马上使他连带地觉得自己老了许多。日子过得真快—尤其对于中年以后的人，十年八年都好像是指缝间的事。可是对于年青人，三年五载就可以是一生一世，他和曼桢从认识到分手，不过几年的工夫，这几年里面却经过这么许多事情，仿佛把生老病死一切的哀乐都经历到了。

“曼桢曾经问过他，他是什么时候起开始喜欢她的。他当然回答说：‘第一次看见你的时候。’说那个话的时候是在那样的一种心醉的情形下，简直什么都可以相信，自己当然绝对相信那不是谎话。其实，他到底是什么时候第一次看见她的，根本就记不清楚了。”（《十八春》）

故事的开端是从世钧的视角展开的，在回忆里慢慢讲故事重新上演一遍。以沈世钧与顾曼桢的悲欢离合为轴心，给读者们展现了人生与爱情的故事过程。世钧的良善和软弱，曼桢的痴情和不幸，还有曼璐的自私，祝鸿才的无耻，每个人都有着自己的优点和缺陷，有着自己对爱情的理解，也有着现实对爱情的打击，他们体验了乱世里的酸甜苦辣，最后在一个全新的政权社会里大团圆；团圆的时候也并不是曾经的那些伴侣，而是都有了各自的家庭，并且一起走向新生。

曼桢是一个普通工厂的女职员，通过自食其力过着自己的生活，她美丽善良，又温柔大方。她认识了憨厚老实的世钧，在两人慢慢的相处中摩擦出了爱情的火花。按照这样的发展，情投意合的两个人本该是可以顺利地结婚生子，与世无争，过上快乐幸福的生活。然而，命运并不是这样简单的安排，曼桢的妹妹曼璐的出现，以及从中陷害让这对乱世恋人最后背道而驰。

另一对青年，翠芝和叔惠则是一见钟情了，两人迅速坠入爱河。虽然并没有公开恋情，而是一直以“地下工作者”方式进行着，美好得如同阳光一般。然而最后因为家庭差异也分道扬镳了。

张爱玲赋予了这两对青年美好的爱情开端，却又让他们本该顺利的爱情变得坎坎坷坷，最后有情人终不能成眷属。

她运用精妙绝伦和回味无穷的语言以及跌宕起伏的矛盾冲突，告诉了我们爱情的美丽，又让我们在故事的最后为不能成为眷侣的他们而叹息，只怪情深缘浅。我们怪世钧的懦弱，怪曼璐的自私，怪祝鸿才的无耻，更怪这阴差阳错的情节。世钧与翠芝结了婚，却同床异梦，根本不爱对方；曼桢怀着自杀的心情嫁给了对她垂涎已久的祝鸿才……匆匆十八春，一切物是人非，那些原本的痛彻心扉和怨恨也都在时间的荒野里烟消云散。

他所爱的人也爱他，想必也是极普通的事情，但是对于身当其境的人，却好像是千载难逢的巧合。他们在沉默中听着那苍老的呼声渐渐远去。这一天的光阴也跟着那呼声一同消逝了。

“他终于微笑着向她微微一点头。但是他实在不知道说什么好，再也找不出一句话来，脑子里空得像洗过了一样，两人默默相对，只觉得那似水流年在那里滔滔地流着。

“中年以后的人常有这种寂寞之感，觉得睁开眼来，全是倚靠他的人，而没有一个人是可以倚靠的，连一个可以商量商量的人都没有。走出这家店铺，在马路上茫然地走着，淡淡的斜阳照在地上，他觉得世界之大，他竟没有一个地方可去似的。

“曼桢看着她那孩子的傻相，不由得要笑，但是一面笑着，眼眶里的泪水已经滴下来了。

“我要你知道，这世界上有一个人是永远等着你的，不管是在什么时候，不管你是在什么地方，反正你知道，总有这样一个人。

“世钧看到最后几句，就好像她正对着他说话似的。隔着那悠悠岁月，还可以听见她的声音。他想着：‘她难道还在那里等着我吗？要是真的自杀，死了倒也就完了，生命却是比死更可怕的，生命可以无限制地发展下去，变得更坏，更坏，比当初想象中最不堪的境界还要不堪。’

“他们很久很久没有说话。这许多年来使他们觉得困惑与痛苦的那些事情，现在终于知道了内中的真相，但是到了现在这时候，知道与不知道也没有多大分别了。—不过—对于他们，还是有很大的分别，至少她现在知道，他那时候是一心一意爱着她的，他也知道她对他是一心一意的，就也感到一种凄凉的满足。”（《十八春》）

一部《十八春》，写满的也是张爱玲的青春冷暖，呈现的是她真实的人生写照。因此，不难理解这部作品那么鲜活，却是作者心路历程的陈述。从这个角度看，它是作者自己的书，自己的故事。

第八章　离开故乡，辗转欲筑香港梦

“世人原谅瓦格涅的疏狂，可是他们不会原谅我。”世人终究是不肯原谅张爱玲的，张爱玲失去了容身之所。故乡故乡，可张爱玲却没有办法继续留下去。她再度回到香港，这个曾生活过的城市，成就过白流苏与范柳原的倾城之恋的地方，也是诱惑过并让葛薇龙纸醉金迷的地方。而如今，香港又要成为张爱玲筑梦的城市了，让张爱玲再次拿起笔来逃离尘世的喧嚣。

1. 终究不是属于自己的时代

如果说《十八春》《小艾》是张爱玲再一次华丽转身的成功典范，那么张爱玲又是作为一个真正的作家，她知道该什么时候下笔，又能清醒地明白该什么时候停下笔来。她知道这些作品是她顺应政治局势和历史潮流勉为其难创作出来的，再写下去的话，对她来说只能是痛苦的，而且外界此起彼伏的声音更是给了她莫大的压力。

有人在报纸上骂道："寂寞的文坛上，我们突然听到歇斯底里的绝叫，原来有人在敌伪时期的行尸走肉上闻到 High Comedy 的芳香。跟这种神奇的嗅觉比起来，那爱吃臭野鸡的西洋食客和那爱闻臭小脚的东亚病夫，又算得了什么？"

人言可畏，张爱玲是人们眼中的"文化汉奸"，很多事情也已经到处限制了张爱玲这个人，她终究已经是不自由的了。

张爱玲也是明白的，她知道自己想要创造出新的主题与风格的话就要使自己的作品能够最大限度地与当时的政治环境相吻合，但是张爱玲也剖析了自己，她知道这条路是行不通的，她的"探索"只能走到这里了。

1950 年 7 月，张爱玲受夏衍的邀请参加了上海市第一届文艺代表大会。夏衍（1900 — 1995），原名沈乃熙，作家，中国著名的文学、电影、戏剧作家，也是著名的文艺评论家、翻译家、社会活动家。他是中国左翼电影运动的领导者与开拓者之一。夏衍看中的是张爱玲创作《十八春》的才华，认为张爱玲还能够创造很多这样的作品。夏衍很关心张爱玲。

开大会的这一天，张爱玲只是穿了一件旗袍，并套了一件白色网眼的小衫，这对于张爱玲之前奇装异服的打扮相比已经是很平常的一件服装了。可等她到了大会，站在一群等着报道的队伍里仍然是异常醒目的，周围的人是清一色的人民装，这就凸显了张爱玲的不一样。议论声音或大或小的在队伍里散开，也会有人不时地在队伍之中探出头来盯着张爱玲看。这一刻的张爱玲就好比与整个社会脱轨了，在别人眼里她是那样的格格不入，张爱玲在心里也隐隐地感到了不安。

大会开完之后，在夏衍的安排之下，让张爱玲跟随上海文艺代表团去了苏北农村参加土改工作。这一段期间的经历对张爱玲之后创作的《秧歌》产生了巨大的影响。在这之后，就是1951年9月，在全国开始了知识分子思想改造的运动，随后，年底，又在全国发动了“三反五反”运动，很多知识分子和商人遭受蒙冤。这对张爱玲的触动非常的大。张爱玲也有了离开这个地方的念头。

1951年3月《十八春》的连载结束了，八方风雨的态势张爱玲也是看在眼里的。从农村改造回来之后的张爱玲更加变得艰辛起来，没有职业，没有庇护所，如同是一个被社会遗弃了的人，政治上的风声更是击打着瘦弱的张爱玲，“浩浩荡荡五四运动一般地冲了来，把每个人的声音都变成它的声音，前后左右呼啸嘁嚓的都是自己的声音，人一开口就震惊于自己的声音的深宏远大；又像是初睡醒的时候听见人向你说话，不大知道是自己说的还是人家说的，感到模糊的恐怖。”她的稿子没有了投向的方向，住的地方都没有了安全感。

弟弟张子静想让她到郊区去教书，张爱玲拒绝了。或许，她是时候动身离开了。母亲黄逸梵也不断劝说：“出国去吧！港大寄来了复课通知！你回去把港大的书念完，学费我来想办法。”

与此同时，夏衍仍是不遗余力地想要帮助张爱玲，想要张爱玲继续写小说和电影剧本。可是人们又觊觎张爱玲的政治身份，这件事情也就搁置了。张爱玲也清楚自己要走的路，离开这里也是必须要做的了。她的好朋友炎樱也离开大陆去了日本谋生，而对张爱玲来说，香港或许是个不错的去处。

显然，张爱玲也是明白自己现在的身份的，离开之后也肯定会影响与自己有关的人，尤其是她的姑姑张茂渊，这个胜过了张爱玲母亲的人。香港大学通知张爱玲去复读，张爱玲决定要离开了。

夜里，张爱玲收拾自己简单的行李，最多的也就是她的那些稿件了。离情在张爱玲姑姑的住处蔓延着，不用说就已经感伤了。张爱玲的姑姑替她整理那一堆堆的稿件，每一份都是张爱玲的心血。姑姑把稿件递到张爱玲眼前，这是张爱玲将近十年的心血，可是张爱玲知道，自己什么也带不走，能带走的只有疲惫的心和孤独的自己。

姑姑心疼这样的张爱玲，这些年与张爱玲相依为命，她是眼看着张爱玲都经历了一些什么的，她明白张爱玲的倔强，但到底是心疼的。

张爱玲哭着对姑姑说："谢谢你一直陪着我！这么多年……"两人互相依偎着哭，这样的分别是残忍的。张爱玲为了自己走后，姑姑能够安全一些，她与姑姑约定，张爱玲走后她们就断绝往来，不打电话，不写信，任何联系方式都不能够有。姑姑把自己的家族相册交给了张爱玲，也算是一个人在外面可以偶尔用来慰藉自己吧。

与姑姑泪别之后，张爱玲拿着行李，小心翼翼地由上海奔赴广州，再从广州乘车去深圳，过了罗浮桥就是她要去的香港了。一路上张爱玲绷紧了神经，内心是极度的不安与害怕，以前功名璀璨的她如今只能躲躲藏藏，只能用化名生活着，到底是声名狼藉了。

在通过安检的时候，张爱玲更是不安了，好怕被查出来是一个虚假的身份。不过幸运的是，为张爱玲检查的是张爱玲的一个读者，大概是认出了眼前的张爱玲，选择让张爱玲通行。就这样，张爱玲离开了这个曾经成就了她的上海，离开了这个不属于她的世界。

2. 重归香港，却四处碰壁

1952年7月，32岁的张爱玲再一次踏上了香港的土地，这是她第二次来到香港。1939年的时候，因为战争的爆发张爱玲与伦敦大学失之交臂，凭借着出色的成绩进入了香港大学就学，然而学业没有读完的她又因为战争而回到了上海。

再次回来，张爱玲看着眼前的一切，只说了句："香港是个华美的但是悲哀的城。"或许，香港在张爱玲的心中早已被定义为"悲哀"，我们从她的一部部作品中就可以看出来那些在香港铸就的传奇中包含的悲苦与哀愁，比如《茉莉香片》《沉香屑：第一炉香》《沉香屑：第二炉香》《倾城之恋》……

而从某种意义上来说，香港又是张爱玲的福地，张爱玲在香港大学的三年里，见证了香港的兴衰，为自己的创作积累了大量的素材；她在香港苦学英语，为她的英语写作奠定了坚实的基础。可以说，香港改变了张爱玲的人生观、世界观、文学观。让张爱玲创作出一部又一部的传奇作品。

几年的香港生活在张爱玲的脑海中挥之不去，在上海时也时常想起这座城市带给她的回忆，想起自己在灯下苦读，想起自己一门心思地学习英语，想起自己身着奇装异服走在校园里，想起自己躲避炮火而胆战心惊，想起自己创作的时候脑海里构思出来的香港，

想起与炎樱在香港大学的初识，想起一起经历的美好时光。香港给了张爱玲太多太多挥之不去的记忆。

正如张爱玲所言："我与香港之间已经隔了相当的距离，距离了几千里路，两年，新的事，新的人。战时香港所见所闻，唯其因为它对于我有切身的、剧烈的影响，当时我是无从说起的。现在呢？定下心来了，至少提到的时候不至于语无伦次。"

并且，关于作品方面，张爱玲自己也说过："我为上海人写了一本香港传奇，包括《沉香屑：第一炉香》《沉香屑：第二炉香》《茉莉香片》《心经》《琉璃瓦》《封锁》《倾城之恋》七篇，写它的时候，无时无刻不想到上海人，因为我尝试用上海人的观点来察看香港的。只有上海人能懂得我的文不达意的地方。"

所以，张爱玲的香港情结从某一方面看也是上海人的香港情结，是悲哀的。张爱玲再次回到香港的借口是说要继续完成学业，而与第一次来到的香港之间是差了十年的，十年之后张爱玲已经是32岁，完成学业也许就只是一个借口了，更何况张爱玲是红遍上海的作家，也已经无心去一门心思扑在学业上了。

回香港大学上学，张爱玲的母亲也特意为张爱玲牵了线，她的母亲在信中说让张爱玲去找在港大教学的吴锦庆夫妇帮忙。吴锦庆夫妇也欣然接受，并且帮忙申请张爱玲复学助学金以及让张爱玲尽早到香港大学注册上学。

可香港毕竟是经过烟雾炮火的洗礼，当年张爱玲在香港大学的档案与资料要么丢失，要么被烧了，再次重新注册是很困难的了。经过多方的协调与帮助，张爱玲于8月20号正式进入香港大学注册复读，她勉强得到了1000元的助学金，稍微缓和了她经济上的窘迫。

就在这些手续都办妥不久，张爱玲的好朋友炎樱在日本给她寄来了一封信，信上说炎樱可以为她在日本谋一份工作，想让张爱玲去日本，也让张爱玲考虑从日本去美国的事情。

这个消息让张爱玲欢喜，她也是想去日本的，想与这位老朋友叙叙旧。于是，张爱玲又着手去注册处备案离港，想要立刻奔赴日本。仅仅两个月，在11月的时候，张爱玲就又离开香港去了日本，复读的事情也停在了半途。可让张爱玲没有想到的是，到了日本之后，一切并不顺利，她四处奔走，又四处碰壁，满是绝望与灰心的张爱玲只能选择重新回到香港，继续她的复读学习。

1953年3月，张爱玲回到了香港，然而，等着张爱玲的不是立刻入学，因为张爱玲的匆匆离去激怒了校方，校方不仅不让张爱玲就读，还向她追讨所欠的457元学费。

曾经的奖学金都没有发给张爱玲，张爱玲又怎么会同意给学校交钱呢，双方最后商讨的结果是张爱玲要分九次补交完自己欠下的学费。

张爱玲与港大的恩恩怨怨，在我们看来是无足轻重的，又好像是因为张爱玲的自身错误多一点，可是这对张爱玲今后的影响无疑是巨大的。在张爱玲此后的几十年里，只能漂泊在外，只身远走美国，拮据孤苦，甚至再也无法恢复到她之前处在云端的时候了。能够做的最多的也只是翻译作品和电影剧本了。

如今，张爱玲与母校的关系闹僵，她只能自己另谋出路了。张爱玲选择了当翻译的工作，可是在大陆被冠上的“文化汉奸”的名号虽没影响到香港，却因为有人称她是“共产党的特务”而失去了第一份在英国东南亚专员公署的翻译工作。可以说，此时的张爱玲凄苦无比，这个曾红极一时的文坛女作家四处碰壁，投的简历也都一个一个如石沉大海，没有半点消息，这真是屋漏偏逢连夜雨。

置身香港，这里早已经不是当时她初来乍到，求学来的香港了；不是那个写下《烬余录》时的香港了。曾经虽是沦陷区，却也不是萧条的。那时候的张爱玲还是个大学生，与当时香港的大多数学生一样感受不到战争对他们的冲击，他们仍然是天真的。战后的他们会成群结伙的在街上大快朵颐，因为一口冰激凌而幸福到不行，也会在服装店里疯狂扫荡，总之那时的张爱玲虽目睹了战争却显得置身事外。

而如今早已是物是人非，张爱玲是人生的独行者，她承受着孤独与寂寞，在这世间伫立着，独来独往，最后不知归向何处。一个人在异乡，这样的体验不是没有过，而正是因为有过才更加的深刻与疼痛。

3. 天无绝人之路

张爱玲眼前最急迫的就是解决自己在香港的吃住问题，无依无靠，又不能再去港大复学，张爱玲只能选择谋求一份工作来解决自己的温饱问题。四处碰壁无果，情急之下，张爱玲投靠了正在香港大肆招兵买马的美国驻港新闻处，找到了一份翻译的工作。

背着“政治难民”的身份，张爱玲自然无法逃过当时大环境的影响。那时候，整个世界局势异常复杂，美国驻港新闻处也是有着一定的政治原因的。香港的郑树森教授曾分析当时的背景，美苏两大霸权主义的冷战对峙波及到了南来作家的左右对垒，美国加强围堵共产主义在华人社会的蔓延，大力批判共产主义和宣扬美国文化。

张爱玲就是在这样的背景下进入了美国驻港新闻处。这个机构负责的是搜集香港或者扩展到中国方面的新闻资讯，同时还进行一些中美文化交流的工作。在这个机构里有一个计划是“美国书籍中译计划”，他们有意将美国的一些文学作品翻译成中文并在香港进行出版，这就需要翻译工作者将这些著作翻译成中文。

他们看中的也正是张爱玲扎实的英语基础以及文坛作家这个相契合的背景。张爱玲能写一手漂亮的中文，对于翻译也能够行云流水。美新处便邀请张爱玲来此从事翻译工作，张爱玲即便是厌倦从事翻译的工作，但又一时没有别的去处，对于能够找到一份工作已是非

常乐意。

张爱玲在这里的工作就是英汉互译，美新处请张爱玲将台湾作家陈纪滢的《荻村传》这部反共小说翻译成英文。随后，美新处又将几部美国的著作交给张爱玲翻译成中文，包括海明威的《老人与海》、玛乔丽·劳林斯的《小鹿》（后改名为《鹿苑长春》），根据马克·范·道伦编辑的《爱默森文集》编译的《爱默森文选》，华盛顿·欧文的《无头骑士》等。

实际上，张爱玲的兴趣是写作，对于枯燥的翻译生活她是没有太大的兴趣的，可毕竟这是维持生计的工作，她只能硬着头皮去完成。她说："我逼着自己译《爱默森》，实在没办法。即使是关于牙医的书，我也照样会硬着头皮去做。"在翻译《无头骑士》的时候她还说过："译华盛顿·欧文的小说，好像同自己不喜欢的人说话，无可奈何地，逃又逃不掉。"

不过，也正是因为这份翻译的工作，让张爱玲能够遇到她今后生活中的另外两位挚友，鱼雁往返四十年。张爱玲认识了同在这里从事翻译工作的宋淇夫妇。宋淇谈到过与张爱玲结识的经过："我入美新处译书部任职，系受特殊礼聘，讲明自 1952 年起为期一年，当时和文化部主任 Richard M.McCarthy（麦卡锡）合作整顿了无生气的译书部（五年一本书没出）。在任内我大事提高稿费五六倍，戋戋之数永远请不动好手。找到合适的书后，我先后请到夏济安、夏志清、徐诚斌主教（那时还没有去意大利攻读神学）、汤新楣等名家助阵。不久接到华盛顿新闻总署来电通知取得海明威《老人与海》中文版权，他和我商量如何处理。我们同意一定要隆重其事，遂登报公开征求翻译人选，应征的人不计其数，最后名单上赫然为张爱玲。我们约她来谈话，印象深刻，英文有英国腔，说得很慢，很得体，遂决定交由她翻译。"

这位宋淇原名宋奇，又名宋悌芬，笔名林以亮，浙江吴兴人。

邝文美是宋淇的夫人。宋淇与邝文美相知相识相扶近六十年，经历了风风雨雨，仍然相濡以沫，可谓是夫妻之中的楷模。张爱玲十分欣赏和喜欢这对夫妻，视邝文美为女性中的典范，“我向来见到有才德的女人总拿Mae（邝文美）比一比，没一个有点及得上她的。你的涵养是真值得佩服，连在最小的事情上都对我有极大的影响。例如开箱找东西时忘记了把毯子放进去，又得开一次。本来要怨烦，一想起假如是你，你一定怎样——我就不生气了。”

当时，宋淇夫妇曾居住在上海，40年代的时候就开始关注张爱玲了，也久仰张爱玲的大名，更是对张爱玲的作品很是喜欢，比如《沉香屑：第一炉香》《沉香屑：第二炉香》《倾城之恋》等著作，宋淇夫妇可以说是张爱玲的忠实粉丝，在上海的时候就很想要见一见张爱玲，可是张爱玲孤傲冷淡，喜欢独来独往，也就无缘相识。

张爱玲来到香港居住在女青年会，在美新处从事翻译工作之后，有不少喜欢张爱玲的热心读者就慕名而来，寻到张爱玲的住处。这对于喜欢独来独往、深居简出的张爱玲来说无疑是个负担，她感到不安和难以适从。宋淇夫妇了解到张爱玲的这些情况之后就主动帮助张爱玲寻找更合适的住处来避免读者的打扰。于是在英皇道为张爱玲找到了一所简单的住处，这里也离宋淇夫妇居住的地方较近，三人的友谊也更是变得深厚起来。

邝文美是个热心肠的人，她比张爱玲大一岁，毕业于上海圣约翰大学。年纪相仿的两人有很多的话题可以聊，她的出现可以说是第二个炎樱了，温暖了张爱玲此后的人生。张爱玲在信里这样告诉过邝文美：“每次想起在茫茫人海中，我们很可能错过认识的机会——太危险了。命运的安排多好。”

邝文美也总是喜欢去张爱玲那里陪她聊天，总是坐上一两个小时再回去。张爱玲规定了两人聊到七点多的时候就一定要催促她回家照顾自己的家庭去，还为此给邝文美起了一个名字，叫“我的八点钟灰姑娘”。

总之，宋淇夫妇的出现对张爱玲的帮助是极大的。在张爱玲去往美国之后，他们仍然是联系紧密，张爱玲在美国的稿子，也是他们两个忙前忙后帮助张爱玲出版的。《张爱玲私语录》就是由张爱玲、宋淇、邝文美著，宋以朗编写的一本书，宋以朗是宋淇夫妇的长子。书里整理了张爱玲与宋淇夫妇之间深厚友谊的事情以及张爱玲后半生的重要事迹，还有他们三人的三百多封书信选录、近三百多条经典语录。

4. 香港给了张爱玲第二次生命

张爱玲是个身份背景都很复杂的人，她是清末洋务派名臣李鸿章的曾外孙女，即便到了张爱玲父辈时已经家道中落，但瘦死的骆驼比马大，无论怎样，也改变不了张爱玲作为一个贵族血统的上层阶级，骨子里就彰显着贵族的味道。

童年时候的张爱玲在这样的环境熏陶下，书香门第，自然是比一般家庭的女子要多见一些世面，思想和胸襟也非一般小家碧玉的女子可比，才华横溢，见惯人情与世间冷暖。更何况母亲是留过洋的人，教育上既有父亲的中式教育，又有母亲的开放式教育。

张爱玲又是一个烙上了“文化汉奸”的汉奸胡兰成的妻子，经历了飞蛾扑火的爱情，也经历了颠沛流离的生活，从而让张爱玲往后的人生都孤身一人。这让张爱玲在懂得了人生百态之后，告诉我们说：生命是一件华美的袍，上面爬满了蚤子。

这个聪明的女人选择在1952年离开大陆去了香港。之所以会离开故国，她自己也是清楚明白的。张爱玲的身份是特殊的，她的曾祖父李鸿章是卖国汉奸，她的丈夫胡兰成是汪精卫的御用红人，同样是人人唾弃的汉奸。而即便张爱玲是清白的，可人们眼里的她又是靠日系背景下的杂志社发表作品，她与胡兰成又是那般亲密，怎么不会让人多想呢？

倘若这样的张爱玲仍然继续要留在大陆的话，带给她的也不过就是等着人们将她打入万劫不复的地狱。张爱玲又是一个贵族，即便是自己靠才华挣钱，可终究是穷苦老百姓多于这样的有钱人，穷人对富人的仇视也足以害死那个穿着高调的张爱玲。

即便是她此刻写出再精美绝伦的文章也是没有用的。她已经是一个被人们打倒在地的人了，那些辉煌也不再会是属于她的了。只有离开才是最好的选择，就这样，张爱玲独自飘泊在异国他乡，晚景十分凄凉。离开故土，等待张爱玲的前途又是什么呢？这个造就了她的香港是不是一个正确的选择呢？

回想张爱玲的作品，很多都是以香港为故事背景构思的。有上海人由上海去香港的故事，比如《倾城之恋》等。《倾城之恋》讲述了在家忍辱偷生的白流苏为了成功地逃离白公馆，“用她的前途来下注”和花花公子范柳原从上海来到香港。原本他们的婚姻快要走到尽头，无药可救了，可香港爆发了战争，他们没有办法离开，这场战争成就了白流苏的爱情。“他不过是个自私的男人，她不过是个自私的女人，在这兵荒马乱的时代，个人主义者是无处容身的，可是总有地方容得下一对平凡的夫妻。”傅雷在《论张爱玲的小说》中说：“笼统的感慨，不彻底的反省。病态文明培植了他们的轻佻，残酷的毁灭使他们感到虚无，幻灭。同样没有深刻的反应。”

《倾城之恋》中，张爱玲将她苍凉的人生观都融入了香港的山山水水中，她眼中的香港风景，处处都充满了生命的启示。或者是浅水湾那一面灰砖砌的墙，它屹立在这个兵荒马乱的、“钱财、地产、天长地久的一切，全不可靠”的世界，见证着人生的悲凉。

有的是写上海人生活在香港，《沉香屑：第一炉香》中的葛薇龙就是一个从上海来到香港的学生，她选择了在香港扎根，在繁华复杂又充满诱惑的社会堕落、沦陷。

在这篇小说中，张爱玲把香港看成为一个“被看”的对象，薇龙姑妈家香港殖民身份的花园洋房；站在那座半山花园大宅的走廊上，薇龙看到的景观“处处都是对照，各种不调和的地方背景；时代气氛，全是硬生生地给杂揉在一起，造成一种奇幻的境界。”“英国人老远的来看看中国，不能不给点中国给他们瞧瞧。但是这里的中国，是西方人心目中的中国，荒诞、精巧、滑稽”；“香港社会处处模仿英国习惯，然而总喜欢画蛇添足，弄得全失本来面目。”

《沉香屑：第一炉香》中葛薇龙的堕落，又让我们认识了香港这样一个充满食色的地方，作者强调葛薇龙与香港的命运如此的相似。

张爱玲的笔下，还有一种是香港本土的人们或者异国他乡的人在香港居住的情境。《沉香屑：第二炉香》，勾画出了香港殖民地上层社会西方男女的群像。故事中的女主角愫细在与罗杰结婚的当晚“逃离”了他们的洞房。罗杰的厄运也因此而开始了，这个“安分守己”的大学教授，被视为一个色情狂，从而失去教职，遭到社会的遗弃。他无路可走，无家可归，最终走上了绝路。

这向我们展示了一个被英国统治之后的香港是一种怎样的情境，表达了作者对所谓“英式淑女教育”的否定，揭露了在香港占绝对统治地位的英国绅士阶层的伪善丑陋的一面。

张爱玲的作品，极大程度上是受在香港时期的经历所影响的，并且，这些故事、这些素材造就了巅峰时期的张爱玲。而如今，再次回来的张爱玲，面对的却是港大的拒绝，还有杂志社的拒绝，甚至都没有了张爱玲的容身之所。

远离故国，却不想漂泊得这样凄苦。曾经造就她的地方却给了她许多的难堪，再踏进这里，全然变成了让她心碎的地方了。

5. 英文小说《秧歌》与《赤地之恋》

在香港这座悲哀的城市中，张爱玲寻到了一份暂时还不错的工作，同时也收获了与邝文美和宋淇之间的友谊，这无疑是幸运的一件事。

这样的安排，也多少缓和了张爱玲内心的凄楚以及奔波的疲惫，让张爱玲暂时能够停下来整理自己。闲暇之余，张爱玲就开始考虑自己的创作了，想必故事的框架早已经住在了张爱玲的心里，并且有了雏形，只不过这些年的颠沛流离与纷杂的政治局势让张爱玲不能够行云流水地展现出来，故事也就搁置到了现在。

而这次的写作，张爱玲用的是英文。张爱玲说，“我来到了香港，写作的速率已经打破自己的纪录”，这便是后来著名的《秧歌》和《赤地之恋》这两部政治小说。

创作完《秧歌》之后，张爱玲的内心是忐忑不安的，这是张爱玲首次尝试用英语写作长篇小说，并且也是突破原有的创作思路的，在很大程度上都是初次的体验。寄出稿件之后，张爱玲“那情形犹如产妇难产进入产房”，焦灼地等待美国那边的回复。

《秧歌》描绘了一幅以 1951 年中国的“土改”背景下的上海附近的某个乡村农民金根一家人在新年前的一两个月的生活过程。金根是一个二十岁的地地道道的农民，面朝黄土背朝天。金根自小失去父母，家里只剩下他和妹妹相依为命，两人感情很深厚。金根朴实能干，被评为了劳动模范，并且分得了土地不久，他的妹妹金花就要嫁人了。

金根还有一个妻子叫月香，一个六岁的儿子招弟。在上海当了三年佣人的妻子回来了，看到自己的家乡到处都在宣传土改，可是原本都是丰收户的村民如今却家家户户吃不饱，丰收的粮食用来上交成公粮，大家吃“大锅饭”。并且上级还要求白送志愿军军属猪肉和年糕。金根不满这样的不公大闹起来，人群拥挤之中自己的儿子招弟被挤死了，金根也不见了。绝望的月香一把大火烧掉了粮仓，自己也葬身火海之中。新年到了，家家户户饿着肚子却唱着秧歌给军属送粮，“呛呛砌呛砌！呛呛砌呛砌！”秧歌声响彻天空。

与此同时，电影编剧顾冈应组织要求瞎想体验土改之后人们的生活，在他的眼里，村子里的人们根本就吃不饱，每个人都被饥饿缠绕着，他目睹和经历的生活与上级要求他写的生活有天壤之别。然而他又不能违背上级的意思，就只能硬着头皮将饥饿写成欢乐与兴奋，将冲突写成是人们对地主的反抗，就这样“圆满”完成了自己的任务。

这本书在美国成功地出版了，并且赞扬了这本书所带给我们的真实的力量。胡适也去信给张爱玲说：“你这本《秧歌》，我仔细看了两遍，我很高兴能看见这本很有文学价值的作品。你自己说的‘有一点接近平淡而近自然的境界’，我认为你在这个方面已做到了很成功的地步！这本小说，从头到尾，写的是‘饥饿’，—也许你曾想到用《饿》做书名，写的真好，真有‘平淡而近自然’的细致功夫。”

1998 年艾晓明的《乱世悲歌—关于张爱玲的〈秧歌〉赞扬这部书：“《秧歌》相对她前期的作品在这方面是成功的突破。而与前期也有保持一致的地方，那就是对人类的愚行和疯狂的沉思。……张爱玲对这个时代的错误完整的揭示，那就是良知的死亡。也就是说，在《秧歌》中，被表现的不仅是农民的命运，还有艺术的命运；不仅是为农民作传，也是为知识分子照相，照出了他们变形为小丑和弄臣的嘴脸。知识分子放弃了对真实的感受，艺术变成粉饰，这才是更令人绝望的恐怖。”

随后，张爱玲又投入到了新的创作之中—《赤地之恋》。小说分三个部分，“韩家坨土改”“上海三反运动”“抗美援朝战场”。主要写大学毕业之后的刘荃自愿报名参加韩家坨农村土改，然而目睹到的是一幕幕农民遭受打压的悲剧。匆忙回城之后，他又遭遇了“三反”运动，被牵连进了监狱。随后又参加了抗美援朝，被俘之后回国做了敌特潜伏在中国。

《赤地之恋》中的土改部分的情节沿袭了《秧歌》的土改内容，土改在张爱玲的笔下给农民带来的灾难是触目惊心的。这在中国大陆被指定为“反共小说”，因此这两部作品在大陆的发行是受到局限的，被禁止了，从来没有出版过。

这两部小说在美国出版，出版之后被美新处认为是卓有成效的工作效果，也让张爱玲的小说被划为了“绿背小说”。

张爱玲四十年代的小说与政治是没有关系的，而五十年代之后就出现了政治性的小说，像《秧歌》和《赤地之恋》就具有明显的政治倾向，这两部小说在当时的大陆是极不受欢迎的。当文学导向政治的时候，就等同于缩小了读者的范围。张爱玲用英文写作的这两部作品，至少在某一方面反映了她五十年代之后的作品风格的变化，因此有必要在此提及。

第九章　远赴美国，开启新生活

张爱玲决定离开中国，离开这个令人伤心的地方，她决定前往美国。美国是当时世界上最繁华的地方，在那里她也许能够获得新生。是啊，只要不在这片伤心的土地上驻足，到哪都可以找到新生活。

1. 远渡重洋，竟然遇到旧相识

在香港的日子里，张爱玲过得并不快活。她知道香港这个弹丸之地并不是可以永久栖身的地方，繁华都市下的文化却是荒漠一片。香港本地的文化没有什么深度，在此地盛行的文化中，多是来自东南亚、台湾、大陆的作品。换言之，各色各样的作品都可以在香港翻印出版。所以表面上香港的文坛是百花齐放、热闹非凡的，实际上，繁华的背后是无尽的空虚与落寞。香港人的文化品味与素养并不是那么适合文学的发展，狭小的城市生活空间更不适宜文艺创作，张爱玲在此也根本没做落地生根的永久打算。

刚巧美国在 1953 年颁布了一个难民法令，允许学有所长的外国人迁居美国，并可逐步过渡为美国公民。其中远东地区的指标，有 2000 个是给居住在香港的内地人的。张爱玲正好符合条件，她便于 1955 年向美国方面提出了入境申请。

1955 年 11 月，她乘坐“克利夫兰总统号”远洋轮赴美国，前往码头送行的没有旁人，只有宋淇夫妇。此去彼岸，世事茫茫，谁又知道以后会发生什么呢？

当时，张爱玲身穿深色旗袍，披了一件乳白色的流苏披肩，伫立船舷，看着维多利亚湾遥遥隐去，太平洋唯余冬夜的黑暗……回首这十年间的传奇岁月，不知不觉间，竟都已消磨尽了。十年的左冲右突、心劳日拙，把多少好光阴都在指缝间漏尽了。一个人一生中又能有几个十年？

想到这里，不禁泪如泉涌。一回到船舱，张爱玲就急急地给宋淇夫妇写信。船过日本时，她便给宋淇夫妇寄出了一封长信，信中说道："别后我一路哭回房中，和上次离开香港的快乐刚巧相反，现在写到这里也还是眼泪汪汪起来……"这样凄凉，这样绝望！让人怎么能承受这漫漫的旅程？

到了美国之后，张爱玲仅仅在旧金山稍稍停留，而后就急急忙忙地乘火车到了纽约。在那里，有一个人在等着她——是炎樱！那个性格开朗，适应力强，到哪里都不愁有碗饭吃的炎樱，早张爱玲一步已经定居在美国，主要经营房地产生意。

美国是资本主义文明的集大成所在的地方，看到摩天大楼如林而立，摩登气息迫人而来，并不让张爱玲感到欣喜，唯一让她欢欣雀跃的是就要在这里见到阔别多年的好友炎樱。但是，她却没有炎樱那样的好运。

炎樱认识的一个朋友在纽约职业女子宿舍住过，通过这个朋友的介绍，张爱玲就暂时住进了这所由纽约救世军办的职业女子宿舍。救世军是基督教新教办的社会活动组织，常在下层群众中举办慈善事业。纽约的救世军是救济贫民出了名的，这里几乎成为贫民收容所。张爱玲混迹于这些人中，真是不习惯。但新来乍到，也没有办法，好在常与炎樱在一起聊天，多少减轻一些落魄之感。

到达纽约后，张爱玲的第一个念头就是想去拜访她心仪已久几度通信的胡适先生，去见见这位对自己奖掖有加的文学先辈。在香港的时候，张爱玲的长篇小说《秧歌》刚刚出版，她想起她母亲、姑姑包括自己常常景仰的文学前辈胡适，就把这部小说寄给了他，想请胡适对自己的作品提出批评意见。

张爱玲与胡适还有另外的渊源，不过是家族往事，长辈很少提及，这才让张爱玲"不识旧人"。光绪七年（1881 年），张佩纶写信介

绍胡适的父亲胡传去见一位有实权的“清流”朋友，这是胡适父亲后来事业的开端。待张佩纶遭贬谪时，胡适的父亲很关切，曾寄信函并寄银二百两。张佩纶似甚感动，在日记里特书此事。可见，张佩纶所帮的这个忙，可不是一般的“小忙”，而是决定命运的“大忙”。

如此说来，胡适与张爱玲竟是世交。张爱玲的母亲与姑姑又很崇拜胡适，也与胡适有过一面之交，以前和胡适同桌打过牌。1946年9月，胡适辞去驻美大使之职在美国讲学三年回来时，姑姑在报纸上看到胡适从飞机上走下来的照片，笑道：“胡适之还是这样年轻。”由此可见两家后辈之间还保存着些许情谊。

在张爱玲还未出生的时候，胡适已是中国文坛上大名鼎鼎的人物了，她读书时，国文课本上就有胡适的文章。虽然有家族的交情，但是在张爱玲这一辈已经渐渐疏远。母亲与姑姑尚且同胡适有过一面之缘，自己却是从来没见过这位十分敬仰的文学前辈。

大陆解放前夕，胡适脱离政坛，从上海乘“克利夫兰总统号”到了美国。在美国，胡适开始了他寞落的闲居生涯，闭门谢客，一心考证《水经注》。第二年，夫人江冬秀也来到纽约。

50年代初的那些时日，台湾海峡两岸都容不得他。他所主张的杜威式的自由主义，在台湾不受蒋氏父子的待见；在大陆，他的思想体系更是被批得体无完肤。张爱玲只是替胡适抱不平。她后来在《忆胡适之》一文里说：大陆的下一代人当中，“反胡适的时候许多青年已经不知道在反些什么”，而“年代久了又倒过来仍旧信奉他”。用她的话来对照近年大陆一些中青年学者对胡适的狂热追捧，真该感叹她的先见之明！

后来，张爱玲偶然从朋友处得知胡适此时正在普林斯顿大学葛斯德东方图书馆任馆长，再加上自己新作刚成，便寄了一本《秧歌》给胡适。没想到，这位连茅盾、巴金、老舍的长篇小说都不大看的文学大师，对张爱玲这个小辈给予了极高的评价。胡适竟一连看了两遍，还在书上加了圈点与眉批，并给张爱玲写了一封热情洋溢的长信：

你的这本《秧歌》，我仔细看了两遍，我很高兴能看见这本很有文学价值的作品。你自己说的“有一点接近平淡而近自然”的境界，我认为你在这个方面已做到了很成功的地步！这本小说，从头到尾，写的是“饥饿”，——也许你曾想到用“饿”作书名，写得真好，真有“平淡而近自然”的细致功夫。

这样的评价令张爱玲欣喜若狂。的确，还有什么事情比自己敬仰的文学前辈称赞自己的作品更让人激动呢！几年之后，张爱玲申请到南加州哈特福基金会一个半年期的名额，需要七个人作为担保。在美国举目无亲的张爱玲，一下子就想起了这个与自己颇有渊源的学者。

胡适很爽快地答应了，即便是已经得知自己将到台北任职，以后可能不会和张爱玲有什么接触。胡适还把张爱玲送给他的《秧歌》寄还一本给她。扉页上有胡适的题辞，里面有他对本书的圈点，行间页眉的空白处用细密的蝇头小楷批注。他把书送给张爱玲，作为两人真挚友谊的留念。

张爱玲收到这本《秧歌》时是怎样的情景我们不得而知，但是可以肯定的是，张爱玲被胡适的真诚打动了。此后，张爱玲无论身在何处，都默默地从报纸上关注着胡适先生的动向。1962年，报纸上传来了噩耗，胡适之先生在“中央研究院酒会上心脏病猝发逝世”。张爱玲悲痛难忍，几年后把她的感情寄托在一篇深沉悲凉的散文《忆胡适之》里，向他致以最心痛的祭奠。

但是，这确实是后话了。彼时的张爱玲，正急切地想要与胡适相见。

2. 与胡适先生的会面

1955年11月，张爱玲迫不及待地拉上炎樱，去拜访胡适。胡适的居所是一栋港式公寓模样的房子，那天阳光很好，让这个公寓显得更加清静。那一刹那，张爱玲仿佛是回到了香港，神思也恍惚了起来。上了楼，她看着室内陈设眼熟得很，就是那种中国味道十足的堂屋，一律的漆木红亮桌椅、古香古色的纹图花瓶……枝枝节节的，全都能引起故国之思。

就这样，胡适出现在了张爱玲的眼中。张爱玲眼中的这位六十又五的学者一点不显得老，身穿长袍子，戴着眼镜，神采熠熠，头发整整齐齐地朝后梳着，很有一种学者的风度。他的太太江冬秀在一旁，说话还带着点安徽口音。张爱玲的家里有不少女佣是安徽人，因此她听着更觉亲切。

喝着主人端上来的茶，在茶香氤氲中，张爱玲反倒觉得更不真切了。眼前的学者，在自己很小的时候就同自己有了渊源。还记得小时候的国文课本上，就有胡适的文章。再加上姑母提起胡适的口气，是那样的亲切，仿佛他就一直生活在自己的身边。

可是，第一次见到胡适，张爱玲还是觉得如同与圣人会面一般紧张，照张爱玲之前想的，她与胡适本应有许多话来谈，可真的面对面之后，却不知从何说起。她后来还记得，在交谈中有两次因为自己不大会说话，以至险些卡壳，亏得胡适老练，马上转寰了过去。

更难得的是，胡适夫妇十分喜欢炎樱。炎樱的几句中国话本来就是半通不通的，又离开上海许多年，更不大会说了，但她那副活泼自如的神气很招人喜爱。因为有炎樱，张爱玲与胡适夫妇谈话的气氛也活跃了不少。

后来，张爱玲壮着胆子问起胡适，是否还记得与自家姑母、母亲。只可惜胡适认识的人实在是太多了，早些年有过几面之缘的人，却早已记不清了。这一番谈话后，张爱玲觉得胡适真是和蔼可亲的老人，像一个年长的慈父一般，对后辈这么关怀。

第二次与胡适先生会面，张爱玲有幸参观了先生的书房。她就像一个小学生一般，好奇地窥探着大人的书房。即便是张爱玲自诩读书不少，在胡适先生的面前，却总感觉到与他相差甚远。

这位大学者的书房里沿墙一排是顶天立地的书橱，可是这书橱不是放书的，全是一叠叠夹着许多零乱纸片的文件夹，显然都是胡适做的札记。这大约是先生作《水经注》考据用的，整理起来不知要耗多少时间与心力。想到这些，张爱玲觉得胡适先生的书房有一种铺天盖地的压力，让她不由自主地心悸。

张爱玲原以为与胡适先生的关系一直处于泛泛之交，她只是胡适先生万千崇拜者之一而已。令张爱玲没想到的是，胡适会在感恩节那天邀请她一同用餐。

那天，张爱玲与炎樱一起，到一个美国朋友家去吃饭，非常热闹。从好客的主人家出来，两人在整洁而又冷清的街道上踱着。看着整洁而又冷清的街道，张爱玲想起了在上海的日子。不知是高兴还是伤情，张爱玲同炎樱在外面呆了许久。回到宿舍，张爱玲便伤风感冒，呕吐不止。

接到了胡适先生的电话，张爱玲感谢他的好意的同时，只得如实相告，自己因为生病，不能同他一起吃饭了。更令张爱玲没想到的是，胡适先生竟提出要来探望。这个宿舍，是救世军办的。救世军是基督教的慈善团体，以救济贫民而出名，因而这种住处不很体面。

但是，胡适先生还是来了。第二天，两人坐在偌大的公用客厅中，找着话题来说，一句一句地聊着。虽然感激，但她总像是有话说不出来，便一阵沉默；沉默也是一种交谈，无言的交谈与默契。

3. 旅居美国文艺营

1956 年 2 月，张爱玲被迫离开了女子职业宿舍，她不可能像那些与教会有点关系的、年长的胖太太一样，在这个地方终老。但是在现实面前，高额的租金着实让张爱玲十分头痛。她本是出尘的女子，并不在意金钱，但此时却不得不为金钱、生存之事费尽苦心。

《秧歌》虽然在美国出版了，但叫好不叫座，没有拿到多少稿酬，出版公司也没有再版的意思。而张爱玲也不愿意再抛头露面，去谋一份薪水不高的差事。再加上之前在香港大学并没有获得毕业证书，即便是有心想要寻得一份工作，怕也是难以养活自己。

这样看来，只有再写书这一条路了。要想专心写作，首先需要一个清幽的环境。而位于新罕布什尔州彼得堡的麦克道威尔文艺营，为美国一些有前途的作家提供一个安静舒适的生活环境，使他们可以无忧无虑、不被打扰地完成作品。

进入这个文艺营之前，张爱玲向那里寄送了一份申请书。申请书的内容是这样的几句话：

亲爱的先生 / 夫人：

我是一个来自香港的作家，根据 1953 年颁发的难民法令，移民来此。我在去年 10 月份来到这个国家。除了写作所得之

外我别无其他收入来源。目前的经济压力逼使我向文艺营申请免费栖身，俾能让我完成已经动手在写的小说。我不揣冒昧，要求从3月13日到6月30日期间允许我居住在文艺营，希望在冬季结束的5月15日之后能继续留在贵营。

张爱玲敬启

这样低声下气的话，让人难以和一向清高孤傲的张爱玲联系起来。

自从步入社会，张爱玲走的就是卖文为生的路。早年在上海初露头角，因为轻而易举打开了市场，所以谁也不会想到她竟会出现生存危机。抗战后和到香港后，她都有过手头紧的时候，但时间不长就有了新的稿酬收入。

但是现在，在一个距离祖国千里之外的地方，张爱玲没有了在国内的那些光环，也没有了亲友的帮助。什么事情都要自己承担，没有人会伸出援助之手。她只能将希望寄托于文艺营。

3月上旬，文艺营给张爱玲寄了回信，表示可以接纳她暂住。于是，张爱玲几乎是马上开始收拾行李，然后就踏上了纽约开往波士顿的火车。

麦克道威尔文艺营在彼得堡镇的郊外，从外面看就像是中世纪的欧洲庄园。整个文艺营占地420英亩，大小建筑就散布在新罕布什尔的山间。其中，有28所各自独立的艺术家工作室，或是建在草坪上，或是建在森林中。此外，还有一座图书馆、十几座宿舍和一个供社交用的大厅。

这里的一切，既有严格的规矩，又有充分的自由。早上的时候，所有的寄住者都聚在一起吃早饭，然后就开始了一天的工作。这期间所有人都回到固定的工作室，相互之间不会有一点干扰。而为了避免创作被打扰，麦克道威尔文艺营甚至将个人的午餐送到工作室的门口。一直到下午的四点之后，所有人才能自由地活动。大家可以在一块儿娱乐、聊天、喝酒。晚饭又可聚在一起，这也是一天里最集中的社交活动时间。这样的一个地方，对张爱玲来说简直是一个天堂。虽然山里的气候奇寒，晚上会冷到零下34℃，令她一下难以适应，但这里远离尘嚣，正是写作的好地方。

张爱玲打算在这里写一部英文长篇小说，书名为*Pink Tears*（中文为《粉泪》，也就是后来出版的《怨女》）。在写作过程中，张爱玲想要看一些上海沦陷时期的书籍，但却在图书馆遍寻不得。由此想到了可以同胡兰成联系，希望能寄来一些书。

但是张爱玲没有胡兰成的联系地址，绞尽脑汁才想起在香港时日本人池田笃纪到港后，曾受胡兰成之托去看她，给她留下信与地址。虽不情愿，但是为了这两本书，她只得给池田写信，通过池田给胡兰成转寄了一张明信片。明信片上只写了两句："手边如有《战难和亦不易》《文明与传统》等书（《山河岁月》除外），能否暂借数月作参考？"后面留下了她在美国的地址。

当时胡兰成已经和大汉奸吴四宝的遗孀佘爱珍在日本结婚，收到张爱玲的明信片之后还抱有幻想，不仅马上回了信，还寄上自己的近照以及回忆录《今生今世》上部，照例又是一套花花哨哨的语言撩拨张爱玲。

张爱玲早已经知道了胡兰成就是这样一个沾花惹草、口是心非、虚伪成性的人。收到胡兰成的信件之后，她更是哭笑不得，只是不理睬。谁料想胡兰成看张爱玲一直没有回信，还以为凭借着昔日的情谊可以继续玩弄张爱玲于股掌之上，一封一封的信件如雪花般飞来，漂洋过海地送到了张爱玲的手中。

迫于无奈，张爱玲回信道：

兰成：

你的信和书都收到了，非常感谢。我不想写信，请你原谅。我因为实在无法找到你的著作参考，所以冒失地向你借，如果使你误会，我是真的觉得抱歉。《今生今世》下卷出版的时候，你若是不感到不快，请寄一本给我。我在这里预先道谢，不另写信了。

张爱玲　十二月廿七

这样的决绝，想必胡兰成也能感受得到。果然之后，胡兰成就不再写信来，二人从此就断了联系。

此后，张爱玲静心在麦克道威尔文艺营写作。她写得累了，就沐浴着春天的阳光，欣赏庄园那无边的绿草坪，眺望窗外，新罕布什尔的群山空寂而澄明。甚至为了保持心灵的宁静，张爱玲很少参加社交活动。

看样子，在这里张爱玲应该能完成一部不错的作品。只是，张爱玲不知道，缘分已经悄悄来临了。即便是她很少参与社交活动，埋头于作品的创作，但是仍然不能改变老天为她安排的姻缘。张爱玲在到达麦克道威尔文艺营之前，恐怕怎么也不敢相信，在这里，在这异国的土地上，竟能绽放出属于自己的爱情之花。

1956 年 3 月 13 日，张爱玲与赖雅相遇在麦克道威尔文艺营的大厅。那一年，张爱玲 36 岁，赖雅 65 岁。

4. 相遇在麦克道威尔

尽管赖雅已经 65 岁，在中国人眼中已经是绝对的高龄。他甚至与胡适同一年出生，比张爱玲早出生 31 年。若是赖雅在 20 岁便结婚生子，其子女也要比张爱玲大许多。但是，爱情向来不管双方的身份地位，或是容貌年龄。即便赖雅高大肥胖，体重八十多公斤，又比张爱玲大上许多岁，两个人相见，同样擦出了爱情的火花。

赖雅是一位性格开朗豪爽的绅士，虽然头发已经白了，但仍像年轻人一样，活力满满。他有许多朋友，经常是高朋满座，谈笑风生。也许正是赖雅这与炎樱极为相似的性格特征，吸引了张爱玲的注意。

认识的第二天，他们两人进行了一次谈话。在谈话中，赖雅对张爱玲有了更加深刻的了解，甚至在当天的日记中，就表示出对张爱玲颇有好感。两天后，天气骤起暴风雪，十分猛烈。这为单调的文艺营生活多少添了一点谈资，吃饭的时候，众人都蜷缩在大厅里议论不休。唯独赖雅与张爱玲却跑到回廊上去，谈得忘倦，对外面漫天的银妆世界全然不顾。

张爱玲也逐渐了解了赖雅的情况。赖雅很小的时候就能在公众场合即兴赋诗，被人们视为神童。赖雅的父母是德国移民，早在 1914 年，23 岁的赖雅就已经获得了哈佛大学文艺学硕士学位，到麻省理工学院任教。才华横溢的赖雅，甚至可以在一个晚上的时间内写出一篇短篇小说，还登上了《星期六晚邮》杂志。这一点让张爱玲敬佩不已，她几乎被赖雅的才华所折服。

他生性好动、兴趣广泛，根本不是一个能坐得住书斋的人，除了文学，还喜欢棒球和摄影。在麻省理工学院才教了一年的书，他就辞了职，跑去《波士顿邮报》当了记者，随即赴欧洲，参加报道第一次世界大战。

1917 年，赖雅与著名的女权主义者吕蓓卡·郝威琪（Rebecca Hourwich）结婚，婚后也不顾家，照样一有空就在各个城市之间乱跑。赖雅骨子里狂放，就愿意过漂泊不定的生活。他惯于花钱大手大脚，甚至他新婚的家里连个家具都还没有，只能典当一些东西，租了家具来应付。

妻子吕蓓卡为她的女权主义而奔波，二人聚少分多，婚姻极不稳定。到 1926 年，这桩婚姻维持不下去了，只得协议离婚。离婚后，赖雅一半时间在纽约布鲁克林的公寓里待着，一半时间去周游各国。

1927 年，赖雅在柏林结识了左派文学的大作家布莱希特，从而二人成为最亲密的朋友。赖雅当时有一部戏剧在柏林最有影响的剧场上演，德国的剧评家以为这出轰动的剧作出自布莱希特的手笔。甚至获 1930 年度诺贝尔文学奖的作家辛克莱·刘易斯也曾向别人预言，说他这位朋友赖雅会一夜成名。

赖雅还曾在好莱坞工作，与他合作的制片人和导演无不赞赏他的才华。但是，赖雅慢慢发现，好莱坞那种高额收入和舒适安逸、灯红酒绿的生活氛围，使他中断了文学创作，荒废了他的才华。

而也正是在好莱坞，赖雅近朱者赤，就在这个时期开始信仰马克思主义，成了激进的左翼作家，但并未加入美国共产党。当好友布莱希特因反对纳粹政权被迫流亡避难旅居美国时，只与赖雅等很少的朋友来往，赖雅还资助他旅费。赖雅和布莱希特的交往，更增加了他对马克思主义和苏联社会主义的坚定信仰。

在上世纪四十年代初，好莱坞拍摄了一些正面描写前苏联社会主义社会的电影。赖雅的《斯大林格勒的好男儿》一经上映，就收获了很多好评。赖雅不仅作为好莱坞编剧取得杰出成就，被研究者认为是相当杰出的作品，还在摄影史和摄影理论上都有很高的历史地位。

但是，好景不长。1943 年赖雅不幸摔断了腿，又曾轻度中风，此后中风的毛病时有发作。1954 年他又因中风不得不住了院，身体状况开始走下坡路。他逐渐尝到了“过气”的滋味，从前什么时候手头紧了，就寄两篇时尚文章给《女士家庭杂志》和《红皮书》等刊物，换两个钱花花，可是这时候却很少能够发表。

此次，赖雅来到麦克道威尔文艺营来，显然是想重振雄风，打算在这儿完成一个较大的写作计划。没想到，在这里遇到了张爱玲。

到 3 月底，他们已开始互相去对方的工作室里做客了。4 月的时候，两人就已是并肩出入，俨如情人。两个人能够谈论的话题很多。由于都是作家，很容易谈到创作。张爱玲便把《秧歌》的英文版拿给赖雅看，赖雅读了，对她的文笔赞叹不止。赖雅也是此道中人，经验丰富，对张爱玲正在写的《粉泪》的结构提出了一些建议。

当话题转到中国的时候，两个人在政治面前却是第一次出现了分歧。在政治方面，他跟胡兰成正好相反，是个不折不扣的左派。两人的政治立场明显不同，可是很奇怪，这并没有影响到他们之间进行热烈的交流。可惜的是，二人之间的种种交往未能全部记录下来，以至于我们不能像了解张爱玲与胡兰成之间的恋情一样了解赖雅与张爱玲。

5 月份的一天，赖雅在他的日记里写下：Went to the shack and shacked up.（去房中有同房之好。）已经被胡兰成狠狠地伤过一次心的张爱玲，按理说应该对男人有更高的警惕，为何仅仅两个月就委身于这个美国的老男人？

后人对张爱玲的举动十分不解，但奈何当事人始终没有明确表明这样做的原由，因而也多有揣测。著名的海外张学研究者司马新认为张爱玲此举是想找个生活上的靠山。而夏志清教授也认为两人的结合，都是考虑了未来在钱财上能依靠对方，哪知道两人全打错了算盘。

但是，研究者们似乎忘记了，张爱玲终其一生，所求的不过是“执子之手，与子偕老”。从前与胡兰成，有缘无分，最终弄清楚是自己所托非人。而赖雅，却真的与张爱玲白头偕老。在接受布莱希特的研究者詹姆士·莱昂的访谈中，张爱玲并没有怨恨过赖雅多病的身体加重了她的负担，甚至还对赖雅的才能大加称赞，认为他与自己实现了精神上的契合。

而研究者们认为，张爱玲对这段感情不满的重要证据就是在张爱玲的著作中，并没有提到赖雅的只言片语。但是张爱玲本就是一个不愿将自己的生活公之于众的人，怎么会主动在书中写明自己的丈夫如何？反观张爱玲与胡兰成的那段婚恋，在张爱玲的著作中同样很少涉及。况且当时许多中国女性嫁给美国人之后，通常不会改变自己本身的姓氏，这几乎已经成了约定俗成，可以被社会接受的事情。但是张爱玲坚持按照西方的习惯，将赖雅的姓氏冠在自己的名字前，一直到赖雅去世才恢复原来的姓氏。

5. 惺惺相惜的第二次婚姻

其实，早在认识张爱玲之前，赖雅的身体就落下过病根。1943年，他曾摔断过腿，还得过轻度中风。1953年，他又再次中风。疾病一直折磨着生性浪漫的赖雅。

然而，赖雅并没有因此而颓废，反而在一个人的世界里逍遥自在。他有一分钱，就花一分，从来不去想以后的日子。赖雅的生活基本上是这样的模式，他一有了较多的稿费，就去各国旅游，感受世界各地的风土人情，享受生活。

张爱玲和赖雅最初认识时，并不十分了解赖雅。但他们交谈了几次之后，互相之间就有了认识，迅速产生了好感。赖雅了解到这位东方奇女子来美国的经历，在他眼里，张爱玲庄重大方，身具典型的东方女子的性格。最初他们常在餐桌旁、走道上找机会谈天。半个月后，他们便开始到对方的工作室做客了。张爱玲把自己英文版的小说给赖雅看，赖雅对它赞赏不已。他们在一起天南海北地聊着，谈论中国的政治、书法，谈论文艺创作。两个月后，这一对不同国籍的老少作家坠入了爱河。这时赖雅65岁，张爱玲36岁。

从某一方面来说张爱玲能够在茫茫人海里遇到赖雅，无疑是一种缘分。所以她愿意把自己交给一个虽不富有但有仁慈之心的人。这比富有更重要，而更更重要的是他还有聪明才智。

赖雅在文艺营的时间就要到期了。他要到纽约北部的耶多去，在那里的文艺营继续他的写作生活。张爱玲在一个月后也将要离开麦克道威尔文艺营。面对未知的世界，张爱玲的焦虑有增无减。这无形中将她与赖雅之间的距离迅速拉近了，她更加依赖身边的这个男人了。

赖雅离开文艺营的那一天，在往车站送行的路上，张爱玲将自己满心的忧虑通通都告诉了眼前的爱人。她担心文艺营之后的生活，担心在美国出版商那里是否还能得到信任，她的小说在美国能否有销路。

赖雅一边听着，一边不时用他宽大的手掌拍拍他疼爱的女人的肩膀。这些都是他从来不曾考虑的事情，他的生活原则就是："决不把明天的痛苦提前到今天晚上。"张爱玲却是把几个月后的痛苦，甚至是几年后的痛苦都提前到了今天晚上。

张爱玲陪赖雅走到车站，尽管张爱玲手头拮据，临别时她还是送给赖雅一些她从手袋里掏出的早已准备好的现金。钱不多，但张爱玲知道他需要钱。赖雅还没有听清张爱玲说的是什么，却看到了递到他眼前的绿色票子。他真的被这个细心无私的女人感动了。

赖雅安定下来后，就给张爱玲写了信。赖雅说，他盼望着10月份能重新回到麦克道威尔文艺营。但在7月5日，他突然收到张爱玲的来信，从信中得知张爱玲已经怀上了他的孩子。他吃惊不已，在慎重地考虑后，他决定向张爱玲求婚，当天下午就向张爱玲寄出了一封求婚信。就在赖雅的回信还在路上飞翔的时候，张爱玲决定到赖雅所住的耶多小镇去。赖雅已是张爱玲在美国唯一的安慰，她很想实实在在地去看赖雅。

收到张爱玲的消息后，赖雅便急不可待地去车站接她。但是张爱玲搞错了时间，使赖雅提前来到车站，他在几个钟头的等待中发现，期待自己的新娘的出现，真是一件妙不可言的事情。赖雅带张爱玲去了小镇上一家很有情调的餐馆，正式向张爱玲求婚。但同时，他又明确表示这个孩子是不能要的。他的态度很明确，他可以有一个可爱的中国女人做伴侣，但他决不愿意养育一个婴儿。第二天，他们又在公园里讨论了婚姻和孩子的问题，还讨论了写作计划。最后张爱玲同意了赖雅的意见，不要这个孩子。

8 月 14 日，张爱玲与赖雅结婚。65 岁的赖雅，经济的拮据和身体的恶化，让他早已做好了孤独终老的准备，而此时投入他怀抱的是一个年轻、温柔、细腻、貌美、迷人，而又才华横溢的张爱玲，真是让他欣喜至极。而张爱玲经过胡兰成的情感打击后，内心受到了极大的伤害，她需要一个情投意合的港湾，来让自己这艘饱受摧残的小船停靠，赖雅似乎就是这样的港湾。

婚后，赖雅表现得异常勤快和愉悦，他早早地起床，在安静的晨曦中任意挥洒他的光阴。赖雅和张爱玲的生活非常合拍。他不像以前那样挥霍他的时间了，因为张爱玲的生活自理能力比他还差。比如她爱喝咖啡，但她不喜欢自己去煮。而赖雅是宁可花费一上午的时间去研磨咖啡，亲自动手烹制出真正的意大利咖啡。两人现在在一起过得很和谐。

但是好日子并没有长久，问题很快出现了，赖雅老迈的身体很快就显示出了不堪。一天早晨，张爱玲被赖雅的呼唤惊醒。她发现赖雅正半躺在地上不能翻身，这正是中风的典型征兆——半身麻痹。张爱玲吓坏了，她连忙将赖雅扶上床，喊来医生，给虚弱的赖雅吃药。这次事件对于婚后刚刚两个月的张爱玲是当头一棒——写作上遇到的各种问题，面前又躺着心理上还很年轻而身体虚弱的丈夫。为了试图转移她沮丧的情绪，赖雅保证他不死，不会离她而去。

当赖雅战胜中风回到文艺营时，张爱玲也已经从心理上接受了丈夫的病状。两人的生活很困难，经济拮据，她比任何时候都在意自己作品发表的情况，不仅仅是为了事业，更是为了她和赖雅急需

的稿费。

身体渐渐有些好转后，赖雅陪着张爱玲出了趟远门，去看望波士顿的表兄。随后，还陪张爱玲去波士顿最大的百货公司购物。看到张爱玲喜悦地欣赏着那些华丽的商品，赖雅有些自责。这是女人的通病，只是张爱玲不挥霍，她只是给赖雅指点着，这个、那个，设计得多么巧妙，颜色用得多么地道。既然不能拥有，那不妨就仔细地欣赏一下这些“艺术品”吧。

他们在文艺营的时间到期后，便搬到了离文艺营不远的一家公寓里。就在这个简陋的小屋里，两人开始了他们简单却又充实的生活。两人都是搞电影剧本的，对电影的欣赏简直就是职业性的，于是，看电影便成了他们晚上的主要活动。婚后两个人确实有一种相依为命的感情，既在物质上，也在精神上。

6. 平凡中的幸福日子

1956年8月14日，张爱玲和赖雅在纽约市政府办结婚公证，赖雅的好友玛莉·勒德尔与张爱玲的挚友炎樱为两人证婚，两人正式结为夫妇。对于赖雅来说，从此以后，有一个人愿意与他相携相伴；而对于张爱玲来说，她终于不用再孤苦伶仃的一个人四处漂泊，她在美国也有了自己的家。这一次两人的结合，张爱玲不再追求轰轰烈烈的爱情，只求守着婚姻，让两人能够平淡而幸福地走下去，她十分珍惜这份来之不易的平凡幸福。

赖雅在美国并没有什么亲友，而张爱玲更是孤身一人生活在美国，所以他们并没有大张旗鼓地办婚礼。简单的婚礼后，他们携手游遍了整个纽约，游览了纽约的大街小巷，将此当作两人的蜜月旅行。两人的经济状况都不太理想，但他们甘愿做一对穷苦夫妻，虽然他们没有钱去制造浪漫，但他们自由漫步在纽约这座世界上最繁华的城市，在自由女神像下祈祷许愿，在美丽橱窗下拍照留念，在楼顶俯瞰整个光怪陆离的城市……他们寻觅着属于两个人的浪漫，享受属于两个人的愉悦。有时候幸福就是这么的简单、平凡，虽然没有奢华的浪漫，但是有两个人难得的相处时光就是让人满足的。赖雅和张爱玲只是寻常的新婚夫妻，带着满满的期待，甜蜜地腻在蜜月旅行间，享受着这难得的幸福时光。

蜜月归来，张爱玲和赖雅回到了家中。家，对于张爱玲来说是个久违的名字，是她在小时候便遗失了的久远记忆，她早已忘记有家的感觉了。而这次家又回到了张爱玲的身边，从此以后，她和赖雅就有一个家了，有他的地方便是家。即使只是暂时租住的简单小房子，张爱玲也能够感受到久违的温暖和踏实，这就是家的感觉。

同床共枕，两个不同的人，因为婚姻有了紧密的连接，不再分彼此。新婚伊始，他们表现出明显的生活差别。张爱玲是一个孤僻高傲的东方女子，她不喜外出，不爱结交，晚睡晚起，不在乎外界的事情。而赖雅却是外向的西方男人，自由散漫，喜欢交友，早睡早起，享受晨光中畅快新鲜的空气。但是他们都尊重对方的生活习惯，互相都不干预对方的习惯。爱情让两个人结合在了一起，既然决定了相知相守，就要接受对方的不同。他们依旧默契地守着自己的生活习惯，甜蜜融洽，没有感到不适，也不用为了对方改变。

赖雅喜欢清晨醒来，感受着张爱玲这个人生伴侣躺在自己的身边。在从窗帘缝隙透过的光线里，他倚在床边，静静地看着还在熟睡中的张爱玲，凝视着妻子柔和舒缓的睡颜，享受着这如水的时光。这种感受虽然平凡，但安稳而美好。他珍惜这样的生活，在心中感谢上帝，感谢马克思，让他在迟暮的岁月里，能够相遇这样可爱倔强的妻子，朝夕相伴，相知相守。

每天清晨，赖雅轻轻亲吻张爱玲的脸颊，轻抚她额头的碎发，如寻常丈夫般亲昵自然。他起床后，便小声下床，蹑手蹑脚地走向厨房，为她煮一杯纯正的意大利咖啡。赖雅知道张爱玲喜欢喝纯正的咖啡，所以哪怕要花费一上午的时间研磨咖啡豆，他也不嫌麻烦，他觉得能够为心爱的女人研磨一杯咖啡，看着她喝咖啡时享受的样子，赖雅心中就有一种成就感。

张爱玲常常在满屋浓郁的咖啡香气中醒来，带着初醒的倦怠和不设防的淡淡笑意。她走出起居室，看到在厨房里为她研磨咖啡的赖雅，阳光倾泻在他的身上，那温柔的背影，仿佛让时光就在这一刻定格了，让她心中涌出满满的暖意。她感谢他，感谢上苍，在寂寥的年岁里，在这异国他乡，给她这份可遇不可求的婚姻，让她重新拥有了一个安稳的家。

10月，他们一同回了麦克道威尔文艺营，这个相识相爱的地方，载满了他们的幸福回忆。站在门口，看着两人走过的那些地方，依旧是那么熟悉，周围拥有着一种田园牧歌般的美丽，张爱玲不禁洋溢起了难得的笑容。她十分感激这个地方，这里成全了她与赖雅的爱情，也成全了两人的婚姻。

只是，好日子才刚刚开始，即使是幸福的婚姻也会遭遇到挫折。一日清晨，张爱玲被赖雅的凄厉的呼唤惊醒，竟发现赖雅半躺在地上不能翻身，她大惊失色，猛地从床上跳起，手忙脚乱地将他扶上床，便又急急忙忙地去请医生，经过诊断，是小中风。她突然明白，自己依赖的丈夫，已经是垂老的年纪。

赖雅身体的状况折磨着他，12月19日，赖雅再次中风。只是这次发病来势汹汹，她不得已将他送去医院。为了丈夫的健康，她拼尽全力地将他送到医院，争分夺秒地与死神战斗。这一仗，她赢了，但她的心却沉入了谷底，望着赖雅憔悴惨白的脸，她才发现，这个男人已脆弱至此。不知不觉，她不能再像往常那样享受着赖雅的保护，她成了赖雅依靠的拐杖。可她甘愿，既然选择携手，就应该不离不弃。

文艺营的期限到了，他们搬到了彼得堡松树街25号的一家公寓，虽然家徒四壁，房屋狭窄，却不再是流离失所的寄人篱下，这是属于两个人的爱巢。她心情不错，亲自拎着油漆桶，将墙壁粉刷成天蓝色，她要与赖雅一起，在海天之间风雨同舟。

那是只属于两个人的家，两个人相处得其乐融融。闲暇时，他们一起窝在床上，看书赏画，一起在黄昏的余晖里散步，一起去镇上小小的电影院看场周末档……他们享受着只属于两个人的时光，

沉浸在这单纯的平凡美好间。

在圣诞节，她也会洗手做羹饭，为一个浪漫的圣诞夜谋划。夜晚，她点上蜡烛，端上精心烹制的中国菜和西式餐点，倒上两杯香槟，温柔地对赖雅说："新年快乐！"

赖雅也是个细心的男人，知道妻子不喜见人，他便悄悄买下一只山羊，还故作神秘地说："爱玲，外面来了我们的一位老朋友，你出来见一下吧。"当张爱玲皱着眉拒绝时，他又恶作剧般地说是一头山羊。于是张爱玲欢欢喜喜地跑去，如孩子般笑靥如花。太多太多平凡幸福的瞬间值得一生铭记。他们平凡着，幸福着。其实，平凡何尝不是一种幸福？

7. 婚后再次迎来创作高峰

和赖雅结婚后，张爱玲是幸福的，两人的婚姻一直持续了十一年。这些年里，张爱玲从赖雅那里得到过爱，在英文写作方面也得到过赖雅的帮助，享受到了久违的一段短暂清静而平和的家庭生活。但是赖雅毕竟年岁已大，并且还体弱多病，这些带给她心理上和精神上的重负。而两人在经济上的困难，让两人的生活过得并不轻松。

经济的窘迫，生活的压力，更给张爱玲增添了许多忧愁，也影响到她的写作。显然，她不能再像以往那样肆意地发挥自己的才能了。就在和赖雅相爱后不久，也就是 1956 年 10 月，回到麦克道威尔文艺营的赖雅又中风了。这之后，他的病一直反反复复，再也不曾痊愈过。

好在张爱玲的创作事业又达到了一个巅峰。1957 年，在台湾《文学杂志》上发表了她到美国后创作的小说《五四遗事》。1966 年，她将中篇旧作《金锁记》改写为长篇小说《怨女》在香港《星岛晚报》上连载。

赖雅身体的病痛给两人的生活添了很多负担，1958 年赖雅患上了背痛疾病，张爱玲不得不在平时抽出时间给他按摩，帮助他放松背部肌肉。虽然赖雅的身体一直没有好转，但是张爱玲却一直对他不离不弃，一个人将家庭的重担抗在了肩上。在赖雅生病的日子里，她一边要照顾赖雅的身体，一边还要坚持写作，张爱玲展现出了平常女性少有的坚毅一面。

在与赖雅共同生活的日子里，钱成了张爱玲写作的唯一目的，生活迫使她不得不将写作的目的由热爱转为维持生计。写作是张爱玲能够想到的来维持他们最基本的生活的唯一方式。但是，由于她对美国社会缺乏深入的了解，那些在中国大受欢迎的作品很难为美国社会所接受。她只能对以二三十年代为素材写出的作品进行修改，可同样让美国人难以接受。

1958 年 3 月，张爱玲把中文小说译成英文寄往纽约一家出版公司，在相约面谈时，出版公司却退回了这部作品，这使她非常失望。后来，她与哥伦比亚广播公司签订了一份合同，同意该公司把她的小说改为广播剧，虽然得到了一千多美元的稿酬，但一部完整的小说，却没有了原来的样子，被弄得面目全非，这同样令张爱玲非常失望。同年五月，她寄往一家出版社的第二部小说《粉泪》，又被告之不准备采用。这些作品都是张爱玲的心血，如今却被人如此无视，这对她是个不小的打击。因为沮丧，张爱玲得病倒在床上，几天不能起来。

作品不能出版，张爱玲和赖雅的生活就没有经济来源。为了糊口，她不得不为一家香港电影公司写电影剧本，这些商业作品虽然给她带来了一定的收入，但并不能让她感到快乐。一天夜里，她梦见一位中国作家取得了极大的成就，相比之下，她觉得自己很丢人，在异国他乡很失败。梦醒后，她禁不住泪流满面，向赖雅讲述了这件事。1959 年，张爱玲把陈纪纭的中文小说《荻村传》改写并译为英文，英文稿送到了纽约的勒德尔那里，出版商认为，美国人对这类题材不感兴趣，张爱玲又大失所望。她又去找另一个代理人，也没有找到能收买此书的出版商。这部作品后来在宋淇夫妇的支持下，在香港出版，好在是完成了张爱玲的一个心愿。

1959 年 12 月，张爱玲收到好朋友炎樱的来信，说她写的《北地胭脂》未能被出版商接受。接二连三地被退稿，对张爱玲来说是个不小的打击。在她看来，这一次退稿简直是对她的一种抛弃。1961 年 5 月 26 日，她又动笔写一部新小说，7 月 18 日全部完成寄往纽约，但还是遭到了退稿。

和赖雅在一起的日子，是张爱玲人生里少有的几个比较穷困的时期，颠沛流离是生活的常态，看看她走过的路，也不能不让人心惊。

频繁的迁徙，让张爱玲在美国的生活仿佛蜻蜓点水，居无定所，无法安稳，她像是一个过客，不同的城市只是像一个又一个的站台，住一阵，就驶向下个站台。赖雅已经年老，由于经济和健康的原因，没有办法给她提供一个可以安安稳稳住下来、同时令她满意的家。没有一个安稳的住所，这给张爱玲的创作带来了不小的损害，这种损害，不仅仅是精力上的损耗，还有精神上的消磨。张爱玲很努力，也很拼，她时刻想抓住各种各样的机会，希望自己能在文学上做出一点成绩，打个漂亮的翻身仗，可那些年，她似乎总是不走运。

张爱玲在美国最初的十年中，写作和赖雅，于她来说，仿佛是两股相互拉锯的势力，两者似乎不能两全。在婚恋这件事上，张爱玲将爱情放在了第一位。在第一段婚姻中，张爱玲对于胡兰成的付出，可谓毫无保留，全身心投入。可张爱玲与赖雅的感情的出发点，则仿佛不是在两性相吸的基础上产生的爱情，越往后走，越像是“一夜夫妻百日恩”——落脚点在一个“恩”字上——她感谢赖雅一直以来的厚爱，她感谢赖雅在她生活中的陪伴。在这异国他乡，赖雅就是张爱玲唯一的亲人。

张爱玲始终是要写作的，她还年轻，还有精力去拼搏。她希望自己能东山再起，希望自己能赚到更多钱，来维持两人的生活——随之而来的奔波，则必然要打破婚姻生活的平衡。1961 年，张爱玲飞往台北，主要目的是想对她计划中的小说《少帅》做些资料研究。

赖雅刚巧这时候中风了。小说的资料没做成，丈夫又一病不起，张爱玲真是焦头烂额。我们当然不能责怪赖雅，人生的境遇，毕竟不是人力所能强求。在赖雅与张爱玲的婚姻中，如果说最初是赖雅保护张爱玲多一点，那么在婚后，优势的天平则慢慢地偏向张爱玲这一边。他老了，她还年轻，他已经离不开她。

她本来是一个柔弱的女人，为垂死的老人，她奉献的够多了，这其中最重要的是文学天分的耗尽。第二次婚姻带给她最大的是经济压力，她用柔弱的身体照顾瘫痪的丈夫。在此之外她还要写作，维持生活开支。她要让这份爱有始有终。

8. 母亲遗留的“宝藏”

在张爱玲和赖雅婚后的第二年，她的母亲黄逸梵在英国病逝了。“母亲”是一个柔软的字眼，但凡说起母亲，人们的心就会柔软下来。“母亲”永远代表童年的安稳，让人想起轻柔舒缓的摇篮曲。母亲是爱，是童年岁月里最美好的微笑。但对于张爱玲而言，“母亲”却是一个让她爱恨交织的人。

张爱玲的母亲黄逸梵，出身名门。黄家的所有女人都裹了足，用明矾、布条，将幼嫩的双足裹起来。五指折断，弯向脚心。剧烈的疼痛折磨着年幼的黄逸梵，但她是无力反抗这件事情的。在那个封建的男权社会里，女人畸形的小脚，让她们无法快速行走，甚至连站立都是颤巍巍的。女人的柔弱满足了男人们强烈的征服欲，让他们感到，这些女人，是不得不依靠于他们的。

张爱玲的《对照记》里，有一张黄逸梵少时的照片。背景大概是家里的大厅，有一方木桌子，桌上放着瓷器与西洋钟表，背后则是雕花的木门。照片上的女孩子不过十岁左右，斜坐在一张圈椅上头。她头发团成了一个发髻，穿着的浅色衫裤都滚了边，领口绣了一溜的花，很是精致。她手上握了一柄团扇，大抵画着竹子，一丛丛墨竹在扇面上铺开。

黄逸梵是十分聪明的。虽然她心里可能有无数反抗的呐喊，但她在家里却保持着沉默，让人觉得这是一个乖顺的女孩子。也许她想，等到自己长大了，总有一天能够过上自由的生活。

张爱玲后来回忆自己母亲时，这样说："她是个学校迷。我看茅盾的小说《虹》中三个成年的女性入学读书就想起她，不过在她纯是梦想与羡慕别人。后来在欧洲进美术学校，太自由散漫不算。一九四八年她在马来亚侨校教过半年书，都很过瘾。"对黄逸梵来说，也许她只是想走到外面的世界去，她只是想要自由。家庭是温暖的，是一个保护巢，但她厌倦了家里如一团死水一般的生活，她想要行走，想要走进那个巨大的、不可思议的世界。

她一直在酝酿，直到生了两个孩子——张爱玲与张子静，她还是没有放弃。在张爱玲的记忆里，母亲总是郁郁寡欢的："我记得每天早上女佣把我抱到她床上去，是铜床，我爬在方格子青锦被上，跟着她不知所云地背唐诗。她才醒过来总是不甚快乐的，和我玩了许久方才高兴起来。我开始认字块，就是伏在床边上，每天下午认两个字之后，可以吃两块绿豆糕。"孩子的出生并不能打消她对外面世界的念头，她属于更广阔的世界。

很快她遇到了这样的一个机会。小姑张茂渊要外出留学，这让黄逸梵也一起激动起来。她不想自己的年华就腐烂在幽深寂静的院落里，她要跟着张茂渊一起走。她的想法是这样的坚定，任何艰难险阻都不能让一个坚定的女人放弃她的理想。黄逸梵就这样把她的家庭远远地抛在了身后。迎接她的，是一个全新的、未知的世界。黄逸梵的人生之门，这才算刚刚开启。

在国外，她看到了这个世界有多大。她学习油画，参加各种新式的活动。很快，她就成为一个新派的人。

当她和张茂渊再次回国时，曾经那个身上还能看到些大家闺秀气质的黄素琼，已经被一个完全西化的黄逸梵所代替。在《对照记》

里，存着好多张黄逸梵的照片，真是极美的一个女子，烫着卷发，穿西式的连衣裙与高跟鞋。她的五官长得非常深邃，竟有些欧洲人的意思。在照片上，她带着似有若无的笑容，双眼熠熠地看着镜头，身上的气场如同一个女王。

令人印象最深刻的是一张在海船上的照片。黄逸梵站在甲板边缘的栏杆前，侧着身子。她裹着头巾，头发在颈后绾起来。她穿着无袖束腰的连衣裙，光纤的塑造使她的身材成为了一个极好的剪影。

回到国内的黄逸梵，自然不愿自己的女儿再重走她幼年时的老路，也成为一个温顺的闺秀，便坚持要让她去上学，并且教她钢琴与绘画。她是一个不负责任的母亲，但她也是年幼的张爱玲羡慕的对象。她去过许多国家，多年后，女儿张爱玲继承了她惯用的行李箱。那箱子上满满地贴着各国轮船的标签，这是黄逸梵向往自由的见证。

对于这样一个母亲，张爱玲的心情很复杂。母亲曾经努力让她上了新式的学校，也教她怎样生活得有情调，教她怎样生活才是有趣味的。但这个母亲却从没有尽到一个做母亲的义务。

多年以后，张爱玲到美国定居，与赖雅结婚。这时候已经苍老的黄逸梵漂泊到英国，在英国定居。婚后不久，张爱玲生活拮据，黄逸梵到底还是挂念着这个不幸的女儿，便为她寄来了一箱子古董。可在张爱玲婚后第二年，黄逸梵就病逝了。

得知这个消息的张爱玲，心中非常痛苦。她是爱着她的母亲的，她崇拜着她。处于极度痛苦中的张爱玲，大病了两个月。对于黄逸梵来说，在异国他乡孤单地病逝，也许并不如旁人眼中那样来得凄凉。回望自己的一生，她一定未曾后悔出来闯荡。四处的漂泊，让她风一样的生命得到了前所未有的快乐。

黄逸梵就像那风，自由，才是风的意义所在。若是老死在家中的床榻上，即便儿女满堂，有人照顾，也是不快乐的。多年在一所房子里徘徊，每天见到的都是相同的人，做的都是相同的梦，这样重复相同的生活，还不如来一场短暂却终生难忘的冒险。说到底，人不过活一世，区区几十年太短暂，如白驹过隙。

对于张爱玲来说，这个几乎没有尽到母亲义务的女人，是她遥望的、追逐的一朵花。她绽放得肆意而又热烈，在自己能够看到、却无法触摸的彼岸。

第十章　相濡以沫，伴丈夫走过最后的时光

大抵名人的爱情都是坎坷艰辛的，不是遭遇爱人的不忠背叛，就是饱受贫穷的折磨。张爱玲的两段爱情便将以上两者全涵盖了。在与胡兰成的“倾城之恋”中，屡遭背叛却不知；与赖雅的爱情，虽然跨越了年龄与国界，做到了“执子之手”，却被贫穷现实逼得经常分隔两地……而张爱玲仍旧坚强地陪伴着赖雅走过了人生的最后时刻，这份情义最珍贵。

1. 为了文学梦想再度回国

人来人往，花谢花开，时光不会因为你的悲伤而静止，而是无情地走下去。转眼便进入了1958年。张爱玲厌倦了小镇单调枯燥的生活，她想去外面走一走，这个想法刚一进入她的心底，便如野草般肆意生长，扰乱着她的心绪，让她无法安心创作。她想要搬到城市中去，不知怎的，看着城市的喧哗反而更让她觉得心安，这是属于她骨子里的独特情结，或许她更享受在喧闹中的心安吧！

10月中旬，在胡适的作保下，张爱玲和赖雅拿到了南加州哈特福基金会半年的居住资格。张爱玲心情愉悦地打包行囊，与赖雅一起踏上了开往南加州的列车。那里有着久违的繁华，他们住在如宫殿般美丽的大房子里，远处便是浩瀚的太平洋。久违了，大城市！

半年后，居住期满，他们又把家搬到了旧金山。在这个连风中都带着清淡海鲜味道的滨海城市，张爱玲计划着写一部以西安事变为背景的长篇小说——《少帅》。她想借这部崭新的作品，找到曾经在创作上的辉煌，找到曾经亮丽洒脱的生活。这一次她很是慎重地进行着宏伟的创作计划，计划着去台湾收集些史实资料，采访一下张学良本人，然后再去香港探望一下老朋友宋淇，寻觅更理想的创作题材。只是她放心不下年迈体弱的赖雅，赖雅的身体状况是她的心病，她矛盾着、纠结着，这一计划终是一拖再拖。

1960 年 7 月，张爱玲正式拿到了美国公民的身份。1961 年 3 月，炎樱来旧金山探望她，两人进行了人生中最后一次促膝长谈。那时炎樱已经结婚，衣食无忧，眉眼中溢满了对生活的满足。张爱玲真心为好友高兴，却也因自己的生活状况而失落，在这样的刺激下，她终于决定回国一趟。

赖雅在知道她的决定后，大吃一惊。婚后的几年时光，他早已习惯了张爱玲在身边的感觉，习惯了与她相濡以沫的日子，他害怕张爱玲一去便不再复返，他害怕再也看不到她。他在日记中写道："死亡一样的重击，心脏被重创，身体在发抖，闭上眼，有如长眠，不再醒来。"

在沮丧不安的情绪里，赖雅大病了一场。看着丈夫憔悴的模样，张爱玲很是内疚为难，她日夜陪伴在赖雅身边，精心照料他。看到被自己身体拖累的张爱玲，赖雅终是心中不忍，他点了头，当即给女儿霏丝写了信，搬到了她家附近，他不要成为妻子追逐梦想的累赘。张爱玲终究还年轻，还有机会去拼搏，他选择尊重张爱玲的选择，选择了放手，给她自由的天空。她心里的石头落了地。1961 年 10 月，她离开了旧金山，孤身一人飞往台湾。她心中想着："再见了，甫德，请原谅这样离开的我，只是我一定会回来。"

踏上离开许久的故土，张爱玲不禁流下了眼泪。久违了，黄皮肤黑头发，久违了，字正腔圆的中国话。她曾经的老上司麦卡锡热情地接待了她，他将张爱玲迎进了阳明山附近的豪华别墅里。这里富丽堂皇，仆从如云，而张爱玲是主角，是尊贵的客人。

张爱玲这次来台，是麦卡锡帮忙安排的，麦卡锡回忆说："我协助安排邀请，可是我已不记得详情了。与我们合作出书的台大年轻作家们推动此事，因为他们敬张爱玲如神。"

这是张爱玲久别内地之后，第一次重新接触到豪华的生活，一时间她仿佛又变成了那个人人爱慕的张爱玲，这让她心中百感交集。

夜里凭窗远眺，那天边的月亮，和美国看到的，还是同一个月亮吗？

次日正午，麦卡锡在国际戏院对面的大东园酒楼设宴，为张爱玲接风，陪客有白先勇、王文兴、欧阳子、陈若曦、王祯和、戴天等，他们都是台大的学生，共同创办了一本《现代文学》。这些人后来也都在文坛上声名鹊起，如今均已著作等身，尤其白先勇倾家荡产排演青春版《游园惊梦》的气概，真令人佩服而且感激——不是这样的人，还有谁会爱惜昆曲呢？

约好12点见面，主人却久久不至。天很热，好在餐厅里的空调开得很足。大家都没见过张爱玲，心中都对这个女神一样的人物十分好奇，于是纷纷猜测她的外貌。

陈若曦问白先勇："你想她是胖还是瘦？"

"她准是又细又瘦的。"白先勇毫无考虑地说。

陈若曦不同意："我想她一定是既丰满又性感。"她很早以前就看过《流言》，对照片上的张爱玲印象很深，那样的有一种燃烧的生命力的女子，应该是丰满的吧？

等了又等，猜了又猜，张爱玲终于来了——她消瘦清绝，行云流水，所有人看到她的第一印象就是瘦，真瘦。她羞怯地向众人问好，声音低而轻，但每个字都咬得很仔细，仿佛怕人会错了意，像个较真儿的小女孩，完全不是人们心目中那丰满、有着燃烧的生命力的大女人形象。

陈若曦觉得意外，但并不失望，张爱玲的瘦也有着属于她的韵味。她只是向麦卡锡悄悄说："她真瘦呀！"麦卡锡说："我认识她时，她就是瘦瘦的，最近她刚刚完成一部八万字的英文小说，日以继夜地写，一定很辛苦，所以更瘦了。在台湾呆两个礼拜后，她就要到香港去，开始另一部小说，同时写点电影剧本，以维持生活。像她那样认真写作，恐怕要永远瘦下去。"

陈若曦自己也很瘦，因此对于瘦这件事十分较真，她在《张爱玲一瞥》里十分仔细地写出了自己对张爱玲的印象："她真是瘦，乍一看，像一副架子，一由细长的垂直线条构成，上面披了一层雪白的皮肤；那肤色的洁白细致很少见，衬得她越发瘦得透明。紫红的唇膏不经意地抹过菱形的嘴唇，整个人，这是，唯一令我有丰满的感觉的地方。头发没有烫，剪短了，稀稀疏疏地披在脑后，看起来清爽利落，配上瘦削的长脸蛋，颇有立体画的感觉。一对杏眼外观滞重，闭合迟缓，照射出来的眼光却是专注，锐利，她浅浅一笑时，带着羞怯，好像一个小女孩。配着那身素净的旗袍，她显得非常年轻，像个民国二十年左右学堂里的女学生。浑身焕发着一种特殊的神采，一种遥远的又熟悉的韵味，大概就是三十年代所特有的吧。"

2. 东方之行宣告失败

麦卡锡专门为张爱玲设宴接风，白先勇、王祯和等文坛声名鹊起的名人作陪。觥筹交错间，她被人簇拥着，这一切似乎证明美国的颠沛流离只是一场梦，自己依旧是十里洋场里那个孤傲的传奇女子，自己依然是众人的中心。那几日，她辗转在台湾的街巷，被人群簇拥着，开心无比。

直到这时，她的台湾之行的色彩仍是明朗而轻快的，可是接下来的一个电话却给这次旅途涂抹上了浓郁的灰色——本来游完花莲，还计划要从台东去屏东参观矮人祭，然后再搭金马号去高雄。然而刚抵台东车站，便听到站长转告，说麦卡锡先生来电话，她的先生赖雅在美国病重。

张爱玲只觉得当头一棒，几日的欢喜变成了泡影，化作漫天阴霾。她没有想到，生活的窘困竟然坐着飞机从美国一直追到了台湾，坏运气总是不肯放过她！来台湾这几天，她在华人世界里所受到的隆重的欢迎使她几乎已经忘记了在美国的潦倒与不如意，然而这个电话，就好像十二点的钟声，将灰姑娘打回了原形，她又回到了现实。

酒醒了，梦消了，她凭窗远眺，只觉一切就像一场梦，眼前才是现实。她不顾舟车劳顿，连夜赶回了台北。到了台北，她直接赶到麦卡锡处，询问赖雅的情况。当麦卡锡遗憾地告诉她，赖雅在去华盛顿的路上严重中风，霏丝已经将他送到华盛顿的医院治疗，她才稍微放下心来。还好，他还活着，她多想立刻飞回去陪他，可她所有的钱只买得起到加州的机票，她有家不能回。

她身上的钱还不够买一张机票，固然可以先向朋友借钱回去，可是她这次回国是为了赚钱来的，没有赚到钱，倒搭上高昂的来回机票，岂不是让原已拮据的生活雪上加霜？何况，她回去又能帮得上什么忙呢？难道她回去了，他就可以立即从病床上跳起来，奇迹般复原吗？他有女儿照顾，总算是不幸中的万幸。当务之急倒是要赶紧赚一笔钱来应付今后必然更加困窘的生活。

采访张学良的申请已被台湾当局驳回，谁也不知道到底什么时候才可以获得允准。而张爱玲再也无心、也没有时间等待了，她必须用最有保障的方法，马上、立刻、尽快地赚到尽量多的钱。

张爱玲咬了咬牙，登上了飞往香港的航班。东方之行不能如此仓促结束。她只能低声祷告：“亲爱的甫德，祝你健康！我会尽快地飞回到你的身边！请原谅这样的我。抱歉，在你生病的时刻，不能伴你左右。”

她本该做着那个孤傲的张爱玲，但命运却偏偏让她陷在红尘的旋涡中。一次次抉择，痛苦而艰难，她虽然狠下心做出了决定，但她心中的挣扎和苦痛却无人可说。香港，时过经年，张爱玲在山穷水尽时，重新回到了这个地方。万象纷纭间，城虽然还是那个城，但那个青涩的少女早就随风远去，人早已换了模样。

在好友宋淇的邀请下，她开始为电懋公司创作《红楼梦》上下集的电影剧本。曾经她迟迟不肯动笔，不肯让这部经典之作沦为取悦观众的言情戏码。可这次，两千美元的稿酬让她妥协了。她的丈夫，拖着沉重的病体等着她，现实的俗务容不得她的坚持。

她整理好七零八落的心情，在宋淇夫妇家附近的旅馆租了个小房间，全心全意地投入了剧本的创作。每天的工作时间从早晨十点

开始，一直要写到次日凌晨一两点钟才休息。由于疲劳过度和压力太大，张爱玲的眼睛患了溃疡并且出血，医生要她休息，可是她每天写作时间超过十小时，根本无法休息。她来台湾时乘的是经济舱，因为飞行时间长座位又狭窄，使她的双腿浮肿酸痛，加之长期伏案写作，血液得不到循环，肿胀非但没有消退，反而更严重了，每次坐久了再站起来，都跟打一场仗似的难过。这时候，她是多么希望有人可以扶她一把啊。

可是，她却连买一双稍微大点的鞋子来包容肿胀的双脚都不舍得，只能忍受着，等到年底大减价再说。这期间她写给赖雅的六封家信后来被公布开来，信中虽然是闲话家常，却显露出一种捉襟见肘的窘况，看得叫人恨不得坐了时光机过去，送她一双温暖的鞋。

“试试看找一个小巧便宜的公寓吧，暖气不是问题，但不要爬太多楼梯；厨房呢，最好可以用餐桌延伸到另一个房间。我现在起得早，所以没有时间冲突的问题。况且我现在可以很快地出门了（因为眼睛的毛病，我不能戴隐形眼镜，也不能用化妆品了），只要天气好随时可以出去走走。据我所知，我们的运气会在六三年中好转，可是我却为了如何度过六二年而失眠。美国航空不直飞华盛顿，所以得在纽约换机，我原想顺便到彼得堡去拿我的箱子，带回华盛顿去拍卖，不过所花的旅费可能超过那口箱子的价值，所以作罢……甜心，爱你，期望三月初能回到你身边。如果能赶上二月三十日的班机的话。你还疼吗？告诉霏丝我爱她。”这是她在 1962 年 1 月写给赖雅的信，此前她也一直写信给他，可是由于她在日常生活上的惊人的糊涂使她接连犯了几个不大不小的错误，先是因为搞错地址，她写给赖雅的前五封信都丢失了；而这一封信又说，如果赶得上 2 月 30 日的班机就会回美国——可是，2 月是没有 30 号的呀！这真让人哭笑不得。

经过艰辛努力，她总算完成了剧本，只是当她忙不迭地将稿子交给宋淇时，宋淇却说自己做不了主，要等老板做出决定。她只好继续等着，直到等到心如冰霜，不能再等。

在等待的日子里，她写了另一部剧本，稿酬800美元。她一边写稿，一边等待，一边不断给赖雅写着信。只是对迟迟不归的妻子，赖雅心生怪怨，连连催促她赶紧回去。

在万家灯火的春节，在旅馆冰冷的小房间，她等到了一个令人心碎的消息，因为别的公司抢先拍摄《红楼梦》，公司生出“换刀”之意，她那没日没夜的努力付之东流。一瞬间，她只觉自己掉进了冰窖，仅剩的那丝希望也没有了。

辜负，总是太过轻易。这次，香港伤她至此，她再也没有理由待下去。1962年3月，她回了美国，永远作别了东方的碧海云天。时光，如果可以，请忘记这样的张爱玲，也请原谅，这个抛下尊严的她。

3. 重返美国，与赖雅久别重逢

1964 年 3 月，前去港台寻找机会的张爱玲收到了赖雅的来信，被催促去美国发展。此时，她已经在台湾、香港漂泊了两年之久。其实，刚来台湾的时候，就接到了赖雅再一次中风的消息，这让张爱玲忧心忡忡。尽管想回到赖雅身边去，但那时的张爱玲不仅没有足够的资金为丈夫进行治疗，甚至连回美国的机票钱都凑不齐。无奈之下，她决定先去香港，写一些剧本赚点钱再回美国。

这趟出行，张爱玲的遭遇与她来之前想象的大有差别。当初在上海，她凭借自己的作品累积了大量人气，更是存下过 30 万元的稿酬，但这笔钱最后给了胡兰成。经历了在美国时的低潮与打击，张爱玲相信回到华人的世界，自己是可以找到出路的，从而改善目前困窘的生活状态。然而，人算不如天算，她先是为宋淇所在的那家电影公司写《红楼梦》的电影剧本，原本打算剧本被采用从而得到一千六百美元至两千美元的稿酬；但是剧本写完后，由于宋淇没有审批权，于是被搁置在了一边，稿酬也就没有了着落。结果在这段时间里，张爱玲连买衣服和眼镜的钱都没有了，由此陷入了财务紧张的状态。

当初，为了能早日赶出这部剧本，从而提早返回美国，张爱玲从每天上午十点工作到次日凌晨一点，结果本来就不好的眼睛时常出血，眼疾也迅速恶化。与此同时，她的双腿也因为长时间的静坐而肿胀不堪。然而，直至张爱玲写的第三个剧本获得通过，那部《红楼梦》仍然音信全无。当初满怀希望，如今却都成为了泡影，邻坐窗边，万家灯火，张爱玲只感受到了无边的孤独与彻骨的寒冷。于是，她愈发思念大洋彼岸的赖雅。恰逢病情好转的赖雅来信催促，归心似箭的张爱玲立即动身回美。

事实上，张爱玲与赖雅的这段婚姻当初并不被看好。许多人认为，两人的结合纯是利益之举，赖雅为了张爱玲的钱，张爱玲依托赖雅打开美国市场。不过，随着两人相处时间的日益增多，他们都越来越依赖彼此，再加上生活境况窘困，双方更是产生了一种相依为命的感情。初在一起时，张爱玲的确依靠赖雅才让自己在异国他乡有了一丝归属感，而他们搬到加州后却是年老多病的赖雅越来越依赖于张爱玲。所以张爱玲提出到港台寻找出路时，赖雅觉得仿佛是大难临头，怕对方会一去不复返。也因此在两年之中，他多次写信希望张爱玲能及早回去。

在分隔两年的时光里，他们一直都有书信来往。对赖雅而言，张爱玲的信就像是强心针一样，支撑着他活下去。1962 年 1 月冬天，华盛顿湿冷无比，赖雅从外面回来急匆匆地进屋，连钥匙都来不及拔，就戴上眼镜看张爱玲的来信。而张爱玲也在香港狭小闭塞的房间里拿床当桌子写信，让一串串充满着思念的英文符号铺满信纸。通过写信，张爱玲可以将自己在香港的遭遇一股脑倾诉给赖雅，不必忌讳任何因素，而赖雅也回忆着与张爱玲的点点滴滴，忍受着等待的煎熬与未知的迷茫。

当张爱玲写信告诉赖雅，会在 3 月 18 日到达美国时，心情迫切的赖雅 17 日便去了机场一趟，18 日又同自己与前妻生的女儿霏丝一起在机场等候。年至古稀的赖雅像一个陷在热恋中的毛头小子一样，手里拿着花，痴痴地望着出关口等待着张爱玲的出现。一看到妻子的身影，他就上前紧紧地拥抱住她。时隔两年，两人再次相聚都无言凝噎，静静地相望着彼此，仿佛整个世界就只剩下了彼此，周围的匆匆人群竟不似存在。很长时间过后，他们才想起了等候在一边的霏丝。

张爱玲选择与赖雅在一起，从一开始就决心做一个好妻子、好继母。说到底，她本身也有一个继母，所以非常能理解霏丝的心情。然而，此时霏丝明显还是对眼前这个继母充满了敌意。面对张爱玲的问候，以及对照顾赖雅的溢美之词，霏丝毫不客气地冷冷回呛："他是我父亲！"没办法，张爱玲与霏丝只能保持表面上的和睦关系，而在一旁的赖雅只要打圆场，让局面不失控。

还在香港的时候，张爱玲曾给赖雅写信，交代他找一间新的公寓，以及置备一些日常所需的东西。当时，赖雅在日记里这样写道："好极了，她喜欢我描述的公寓！"但是，当两人回到新公寓以后，赖雅还是小心翼翼地关注着张爱玲的表情，生怕她会有一点不满意，甚至还心虚地为自己解释了几句："我没有买什么东西。只有一张床，我们需要一张床。霏丝说这是一张好床。柜子是我父亲的。我还给你买了一张松木的书桌。后来又看到这个松木的书架，都不贵，而且很耐用。你可以在这里完成你的《少帅》。"此情此举，张爱玲自然是感动了，有一个男人精心地布置着一个"家"等待自己回来，并且将自己的情绪想法放在第一位考虑，这让心力交瘁归来的女人如何不感动？

至此，张爱玲与赖雅这对患难夫妻终是久别重逢。望着眼前温馨的家，张爱玲笑着对丈夫说："咱们的公寓是'天堂'。"而赖雅却说："不！在你没回来之前不是！你在这里，才是天堂！"张爱玲在香港尝尽人间冷暖，而回到美国之后则从赖雅这里感受到了深沉的爱，因此在以后的日子里，她便全身心地把自己奉献到这段感情之中。

在麦克道威尔文艺营时，张爱玲与赖雅可能是无话不谈的知己；初结婚时，两个人也许是恋人；而经历了两年的分别，重逢的他们是夫妻，是伉俪。

4. 健康情况每日愈下的丈夫

都说小别胜新婚，分别了两年之久，张爱玲与赖雅重新开始了新的生活，那是幸福而甜蜜的。因为同是作家的缘故，他们每天生活的重心便是去图书馆，一人一张桌子埋头写作。在这期间，他们很少交流，沉浸在各自创造的“新世界”里，伏案疾书。可以说，他们将工作与生活分得非常清楚，工作时不谈生活，生活中尽量避免谈工作。每日日暮时分，两人结束自己的工作，一起回家。从图书馆回家的路，两个人走起来总是在像约会一样，拿着从图书馆借来的书，买一些晚饭要吃的食物，牵着手慢慢地走在夕阳下。

赖雅喜欢买东西，却又不会考虑是不是用得到这些东西。因此，每当赖雅在兜售旧物、二手货的摊位前停下脚步时，张爱玲的第一反应都是要把他使劲拖走，因为本来就拮据的生活不允许他们这么任性。但是，往往张爱玲都会在几步之后再回头，让赖雅去买下他看上的东西。尽管经济拮据，每一分每一厘都要精打细算，但是张爱玲从不吝啬对爱人的付出，她像极了一个寻常妇人，纠结犹豫着是否要为一件非生活必需品而花掉一笔钱。不过，对于文人张爱玲来说，与寻常妇人不一样的是，生活再窘困也不会磨灭爱在她心中的地位。

这样幸福的生活并没有持续太久。头几个月里，也许是因为张爱玲的归来让赖雅心中欢喜，所以他身体与精神状态都还算尚可，时间一长，赖雅的病情便愈发严重，甚至于开始大小便失禁，路也走不利索了。

坦白地讲，赖雅的病其实还是二人相识的一种契机。青年时期的赖雅才华横溢，收入丰厚，同时也喜好打扮，风度翩翩地出入各种场所。如此潇洒之人在一次偶然中摔断了腿，使得平时心气颇高的赖雅头一次感到了挫败，而这时他已经过了天命之年，无论是身体还是生活都在走下坡路。并且，早年没有出名的作品，也没有攒下积蓄，所以在这样一个尴尬的境地中，他来到麦克道威尔文艺营，打算重新开始，改变自己当时的遭遇。也正是在这里，他遇见了张爱玲。

不得不说，张爱玲就像是赖雅人生末梢的天使一样。这个旧式贵族出身的大小姐放下了自己骨子里的那一份矜持与清高，照顾着大小便失禁的赖雅，每天无数次地更换床单，跪在浴缸边亲手浆洗床单上、衣服上的污秽物。张爱玲不再去图书馆了，也尽量减少自己出门的次数，以便能每时每刻地照顾病床上的丈夫。每次工作到半夜，张爱玲都会时不时地停下手中的笔，倾听着小小的公寓中赖雅的呼吸声、鼾声。这些细小的声音就像是定心丸一样，给她继续坚持下去的动力。半夜往往是一个最让人觉得孤独无助的时刻，有丈夫在身边，心中自然多了一份安全感，少了分寂寥。

在赖雅的眼里，张爱玲的每一个动作都是一份心疼，一份内疚，一份自责，他不忍妻子辛勤操劳，以至于衰老了许多。虽然处境艰难，但是赖雅还是努力着减少自己带给张爱玲的负担。每当张爱玲外出的时候，他都主动下床做晚餐，拖着病体煎香肠，哆嗦着用手打鸡蛋。对于一个中风多次的人来说，这些动作已经是能够承受的极限了，可他却坚持做，只为自己最疼爱的妻子能少一份操劳。

在这段时间里，张爱玲把自己在台北和香港的经历写成了旅行日志，然后投到了杂志社。不久，就换来了三百美元的稿费。基于此，张爱玲把赖雅的伙食改善到了最好，并把药也换成了贵的。在这般精心的照顾下，赖雅的病情有所好转，终于可以下床走路了。

1964年冬天，一个大雪纷飞的夜晚，赖雅从外面买了东西回家，本就不太利索的腿脚走在铺满积雪的道路上更是缓慢。在一处结了冰的积雪上，他一个没小心便摔倒了。而这一摔，他就再没站起来。

得知消息的张爱玲迅速赶回家，发现赖雅一如病重时那般在床上沉睡着。走到床边扶着床沿坐下，她望着丈夫已经满是褶皱的皮肤，感觉双肩非常沉重，胸口也是异常憋闷。冥冥之中，她总觉得自己要留不住赖雅了。

某天半夜，张爱玲在灯下写作时发现卧室传来断断续续的声响，走过去一看，发现赖雅竟然哭了。他一边啜泣着，一边喃喃低语，似乎是在咒骂些什么。张爱玲轻轻地抱住赖雅，一时间竟然不知用什么话去安慰。她明白赖雅的伤心，可这些也正是她所困惑着，久久得不出答案的问题。

“我们的好运在哪里？”张爱玲第一次见识到赖雅生病，是在他们婚后第二个月。当时，赖雅中风并且一度接近死亡，那个时候张爱玲远不如现在坚强。无论是生活上还是精神上，她都极度依赖着丈夫，因此立刻被丈夫这场来势汹汹的疾病吓得六神无主。这种情况下，赖雅只好一遍又一遍地向张爱玲保证，自己不会离开，很快就会好起来。或许就是这一遍又一遍的许诺，让赖雅挺过了当初艰难的一关。

世事难料，几年后两人再次面对着同样的遭遇，此时好像彼此完全转换了心境，当初即使在病中也鼓励着张爱玲的赖雅，如今被生活折磨得对未来产生了困惑，向命运发出了质问。而当初轻易就被疾病吓到的张爱玲如今则支撑起了整个家庭，一边工作一边照顾丈夫，尽管同样对未来困惑，却也没想过放弃。

5. 弱女子独自撑起整个家庭重担

期待着好运却也并不沮丧度日，张爱玲不似人们想象的那般柔弱。虽然手不能提肩不能扛，但是她用自己瘦弱的臂膀撑起了整个家庭生活的重担。而这一撑，便是两年。

有很多病人长年累月卧病在床，对一个家庭来说是巨大的负荷。两年，在外人眼里看来或许不算什么，但是对张爱玲来说，每一天每一个夜晚都是如此的让人忧心。柴米油盐，食宿水电，即使不吃不喝，每日里也仍支出不断，更何况还有赖雅只增不减的医药费。张爱玲做不了其他事，只能拼命地写一些小文章，然后投到杂志社换取生活费。在照顾赖雅、写作赚钱的两年中，张爱玲的生活显得那么简单而又无奈。

写作赚钱，是为了更好地照顾赖雅，所以在那段时间里，张爱玲全部的生活内容就是尽一个伴侣的责任。赖雅醒着的时候，张爱玲就会陪着他说说话，念书念诗念报纸给他听。此外，还要给他换洗衣物，擦拭身体。赖雅睡着了，张爱玲便回到书桌前继续写作。如此循环往复的单调日子，她独自在异乡就这么支撑了下来。

两年过后，张爱玲得到了一份正式工作，成为迈阿密大学的驻校作家，每个月开始有固定收入。但是，这个工作地点距离他们的

公寓非常遥远，因此张爱玲陷入了两难的境地。她很明白，给报社投些零碎的小文章只是权宜之计，不是长久的打算。更何况，没有任何一个文人能保证自己的创作灵感不会枯竭，因此这种赚钱的方法就像是农民靠天吃饭一样，无法长久地维持下去。更何况在生活的重担之下，张爱玲早已不如前几年那般才华横溢。创作是每一个文人的追求，没有作品就是他们最痛苦的事情，因此张爱玲需要这份工作，需要这个机会。一方面，她可以不用再担心收入的问题，另一方面她也可以潜心创作，写出一部优秀的作品来打入美国市场。可是，迈阿密不是几十米外的市场，走几步路就能到，再走几步路就能回来的。如果选择了这份工作，她以后就会和赖雅聚少离多，就没有办法再像现在这样夜以继日地照顾丈夫了，并且连托付给谁照顾都是一个问题。

万般无奈之下，张爱玲向赖雅的女儿霏丝求助，希望她能够在自己外出时帮助照顾赖雅。自己与霏丝的关系不大亲近，张爱玲本没抱多大希望，所以做好了被霏丝拒绝的准备。霏丝认为，张爱玲想抛弃生病的父亲，于是生气地说"你不能这样把他留给我就走人！我已经做了我能做的一切，舞蹈课需要我，两个孩子也需要我！况且，爸爸需要的人是你！"看到霏丝误解了自己，张爱玲急忙解释："我们需要钱！现在住的公寓连暖气都没有。我不知道这个冬天要怎么度过！现在，我申请到迈阿密大学的驻校作家，这是唯一赚钱的机会。"身为两个孩子的母亲，霏丝也是靠着教舞蹈养家糊口，自然能够理解张爱玲的心情。她虽然与父亲的来往不多，却也大抵知道父亲的生活境况。她明白张爱玲说的道理，但潜意识里仍怀疑这个跟自己差不了几岁的继母是想要摆脱责任，因此还是不肯松口："我有自己的工作和家庭，我只能做到这样。你在当初和父亲结婚的时候应该晓得他的健康情况，但他比我预期的要坏得更快！"

话说到这个份上，张爱玲敏感的性子如何能不知霏丝的意思。

显然，霏丝一直怀疑自己嫁给赖雅的动机是想要永久居留的身份，却气愤她看不到自己两年来对于赖雅无微不至的照顾。想到这里，张爱玲非常难过，觉得霏丝仿佛在暗示自己，是因为照顾不周才导致赖雅的身体越来越差。

纠结着前事，霏丝的疑心也合情合理。想当初，回港台谋生的那几年，赖雅中风复发，张爱玲困在香港回不来，是霏丝赶到华盛顿照顾生病的父亲。当时的通讯极度不发达，霏丝无从知道张爱玲的境况，她觉得父亲病得都这么严重了，这个继母不回来，也不来信询问，便对张爱玲的印象愈发地不好。后来，赖雅的身体有所好转，继母便一封封来信说要回来。刚一回来，在机场就当面与父亲亲昵，这难免让霏丝觉得这个继母是在演戏作秀，一到关键时刻便找借口推脱。

事已至此，张爱玲无话可说。她本就不太情愿来拜托霏丝，遭此拒绝，更是让她下定决心，自己来承担这一切。要说文人的共同点是什么，那便是脾气里都有一点执拗和倔强。

张爱玲没有再向任何一个人寻求帮助，她回到公寓没几天便收拾好行李，带着赖雅搬走了。等到霏丝后知后觉，想要再来看看父亲，甚至提供点帮助的时候，才发现公寓里已空无一人。她只是看到了张爱玲留下的一张字条：“我带不走所有的东西，这几箱垃圾麻烦你帮忙处理——最后一件事！”霏丝蹲下身翻了翻纸箱里的东西，发现都是赖雅早些年写作的手稿和这几年的日记。霏丝有些难过，觉得张爱玲就这样不声不响地把父亲带走了，却也无能为力。须知，是自己拒绝了继母的请求，把自己的责任全都推给了她。她翻着父亲的日记，心疼地抱怨张爱玲竟然把这些东西当成垃圾留在这里，如果自己没有来，可就要真的成了垃圾被下一个租客扔掉。

霏丝在房间里停留了片刻，望着简单的房间布局，寻找着父亲的生活痕迹，最后抱起纸箱子走了。箱子里的东西，霏丝保存了很多年，尤其是日记，记载了父亲起伏的一生和与张爱玲在一起的点点滴滴。霏丝可能不知道，她的拒绝是与父亲的永别，而她的珍藏也算是留下了父亲最珍贵的东西。

这一年，张爱玲四十六岁。

6. 他终是走了，带走张爱玲最后的温暖

1967 年秋天，在张爱玲搬离了原来的公寓大约一年之后，赖雅没抵抗住病痛的折磨，撒手人寰。病房里，医护人员说着抱歉，推着盖上白被单的赖雅，走向太平间。

张爱玲静静地坐在赖雅生前的床位旁，没有任何动作。一位平时负责赖雅的护士走过来，拍了拍她的肩，同情地安慰道："赖雅太太，你还好吧？"张爱玲回过神，眨了眨眼睛，觉得很是干涩，摇摇头，异常冷静地说："我没事！"说完，起身缓缓地走出了病房。

站在街边等计程车的时候，张爱玲有了点回到现实的感觉。她回想着每次来医院都是两个人，回家也是两个人，而如今，只剩了她一人。在她的脚下放着一个纸箱，里面是这段时间赖雅住院的一些生活用品。箱子最上面是一件叠得整整齐齐的灯芯绒衬衫，这是赖雅最喜欢、也最常穿的一件衬衫。

往日里人来车往的医院门口，现在却等不到一辆计程车。张爱玲裹了裹身上的大衣，抱着箱子坐到路边的座椅上。她将那件衬衫拿出来，手指一一摸过领口、袖口，摩挲着领口袖口上的破口，最后埋首于胸膛处，想要多嗅一嗅赖雅的气息。仿佛就是这气息，让张爱玲清醒，大脑开始回想着刚才发生的事情——赖雅走了！她既

像孩童失了父母那般无助，也像老太没了老伴一样孤独。张爱玲最怕的就是别离。当年在麦克道威尔文艺营，赖雅的居留期已满不能再申请居留，必须要离开的时候，张爱玲对他说："我不怕孤独，我怕别离！"可是人到中年，四十七岁的她还是失去了丈夫。

前一日还奔波于学校医院公寓，恨不得自己再多出几个分身的张爱玲，今日便卸下了所有担子。她可以白天写作、晚上好好休息了，她可以不用再向学校那边请假了，她的工资绰绰有余了，她可以专心致志地写她最新构思的作品了。可是，这个世界上再次又只剩下了她一个人了，一个人睡觉，一个人吃饭……再好的构思也没人听她分享，再多的钱也没人陪她一起享受。最重要的是，没有人可以让她依靠了。

也许可以说，从赖雅卧床的那一刻起，张爱玲就做好了丈夫离开自己的准备；可是当死亡来临的时候，发现无论是做了多久的准备，都会在那一刻溃不成军。生命无常，人心无常，不知究竟是生命等不了人心，还是人心禁不住生命。

有时候，磨难与痛苦对作家来说，未尝不是智力之源。重拾孤独滋味的张爱玲闭门谢客，完成了她人生中的又一部经典作品《半生缘》。

张爱玲的小说，总是在诉说着一种别人看不到的真实。她站在文字的背后用看似平淡的心和清冷的眼光在看透这一切，这些简单的文字构成了最宏大的场景，上演了一幕又一幕的过去和现在，恍然一回头，感觉自己好像也走过了一遭似的，从心底渗出一丝悲哀。

难能可贵的是，张爱玲清楚地认识着自己。一个身处异国他乡孤苦无依的中年女人，也许让时光倒流，回到三十六岁和赖雅相遇那年，她不会再选择爱上赖雅，可现实是张爱玲写给顾曼桢的那句话："世钧！我们回不去了！"真的回不去了。

赖雅走后，张爱玲独自住在加州的公寓，与外面的世界毫无来往。

早些年，赖雅身体还不错的时候，张爱玲就怕见生人，公寓里来了客人，她会躲在门内不肯出来。而赖雅这一走，更是带走了她所有的温暖，让她对生活也失去了经营的耐心。

公寓里，张爱玲常备杀虫剂，因为这里有跳蚤。她拿着杀虫剂喷洒房间里的每一个角落，衣服鞋子都不放过。冰箱打开，食物都取出，衣柜打开，衣服也都取出，角角落落都要喷到。她甚至觉得杀虫剂还不够，所以把所有的衣服都丢进放满热水的浴缸中，以为高温就能杀死这些跳蚤。但她转眼就想起有些衣服的料子不能碰热水，于是又会赶紧捞起来，湿漉漉的衣服令人十分懊恼，便丢进了垃圾袋。喷洒完了房间，她还觉得自己的头发上也有跳蚤，于是就对着镜子将头发一缕缕剪掉。剪完了头发并不算完，她索性离开这个几乎处处都有跳蚤的公寓，重新去寻找安身之所。

在往后的岁月里，张爱玲就这样过着离群索居、不断搬迁的生活。吃穿住行她都不甚在意，唯独对文字，始终如一地看重。她不再是当初那个才华横溢别有韵味的张爱玲了，她穿风衣，戴假发，几乎不间断地拖着大包小包的行李搬家。年过六十，她更像是一个独居的怪老太太了。

第十一章　一座“孤岛”，只为写作而生

自1955年从香港移民到美国后，张爱玲一直过着颠沛流离、居无定所的生活。从1966年到1994年近30年间，她给友人写过84封亲笔信，后人只能从这些信中大致了解到她在美国的生活和创作情况。贯穿张爱玲书信中的一个重要话题，就是经济的困窘。虽然如此，这一时期也成为张爱玲的另一个创作高峰期。《海上花注译》就是在这里完成的，《红楼梦魇》与《惆然记》出版于这段时间，《小团圆》的创作也在此期间进行着。

1. 加州离群索居的生活

1961 年，张爱玲为了搜集写作材料，自美飞台转港。这是张爱玲唯一的台湾行，在台湾旅行期间，丈夫赖雅在美中风瘫痪，此后对张爱玲的生活和精神都是相当沉重的负担。1967 年赖雅以七十六岁高龄去世。在经历了胡适先生和自己第二任丈夫赖雅先生的先后逝世之后，张爱玲在美国的生活变得更加孤独。

1967 年，张爱玲受好友夏志清推荐，在赖氏女子学院设立的研究所翻译《海上花列传》。两年之后，期满离职，张爱玲就托庄信正找房子，她即将从波士顿迁去柏克莱。恰巧，庄信正受了南加州大学的邀请，要离开加州大学，当时担任加州大学柏克莱分校东方语文学系的教授陈世骧因此要他物色一人替补空缺。庄信正转托夏志清，夏志清又推荐了张爱玲。张爱玲也就接受了柏克莱加州大学中国研究中心的邀请，担任高级研究员，专门研究中国共产党的新词汇。

来自台湾的宋楚瑜和写小说的刘大任成为了她的同事，但是对于他们来说，张爱玲是神秘的，因为那个时候的张爱玲似乎有些自闭，甚少与人来往，即便是她的办公助手，也很少能与张爱玲说上话，更何况这些同事。由于神秘，张爱玲自然成为大家茶余饭后的谈资，私下里议论独来独往的张爱玲。张爱玲是传统上海女子，喜欢穿旗袍，丝质的料子，银灰色的暗花，传统的滚边，就像一席玉兰花盛开在她的身上，雅致又不失韵味，甚是吸引人。那段时间的张爱玲，由于形单影只，像一个飘渺的灵魂，游荡在整个研究所里，而她自己，由于自闭，不愿甚至有些害怕与人交往，活在自己的精神世界里，别人进不去，自己也不愿意出去，这倒是与钱钟书先生的“围城”背道而驰。

在加州大学的日子里，张爱玲总是匆匆忙忙的样子，即便是与同事相遇，从来都是匆匆而过，从不主动与人打招呼，更别说亲切地交谈，要么目不斜视，要么低头匆匆而过，像一个娇羞的女子，更像一个高傲的公主。所以，张爱玲留给大家的印象，永远是秋风里的一只蹁跹的蝴蝶，不论是灰色还是紫色，或是青色，总是在飞舞着，从不停留在任何人的视线里。张爱玲说过“八岁要梳爱司头，十岁要穿高跟鞋”，凡是见到她惊鸿一瞥的人都会闻到淡淡的中国脂粉香，若有若无地在廊道里存留很久。

每一个人在面对各种环境的时候都会有各种反应，要么如鱼得水，要么手足无措，而张爱玲，无论面对怎样的环境，依然自我。张爱玲是一个从小就喜欢美丽的女子，而且喜欢得执著。尽管她在美国的生活是孤独的、艰难的，但是她依然像一朵出淤泥而不染的莲花，从没有因为生活的窘迫而变得不堪。她永远是旧上海的一位时髦女子，她可以花大把时间在“五凤翻飞”的发型上，也可以把衣柜放满旗袍和棉褛，从来不在乎深秋寒冬，深秋和寒冬只会让她变得更加淡然。

张爱玲有一副高而消瘦的身材，似乎是为旗袍量身定做的，所有的旗袍到了她的身上，都会变得鲜活。青莲色的旗袍衬上她白皙的皮肤，就像唐诗宋词般的清雅久远，又像青花瓷款款而行，在等一场烟雨。这样一位写文字的民国女子，无论走到哪里，都会伴随着淡淡的脂粉香和墨香，而那如画的旗袍，总是会让人目不转睛，这就是写《十八春》和《沉香屑》的上海女子。张爱玲是典型的上海女子，她走到哪里，就把上海带到哪里，她走到哪里，哪里就是上海。她始终保持着上海女子应有的矜持，每天只是喝上一杯咖啡，

吃上一点儿糕点，保持着自己的窈窕身材和气质。这样的女子，无论走到哪里，都将是一场风花雪月的情事。她几乎不出门，因为她一出门，整个街道就变成了旧上海的梵皇渡路和霞飞路，她喜欢出门，但是也害怕出门。

自古以来，中国的诗人词人便喜欢悲秋，也许是怕触景生情，也许是怕山水萧瑟，也许是怕孤独无依。但是柏克莱的秋天是美丽的，这里的秋天是厚重而又轻盈的，落叶可以铺陈的很厚重，也可以在秋风里翻飞的如蝴蝶般轻盈，花草可以枯萎凋谢的让人感觉沉重，也可以化作春泥般的让人感觉解脱和释然，松树在泛黄的季节里绿的浓重，松鼠可以在枝椏间跳跃的轻盈。

人总是容易触景生情的，尤其是独居异乡的人，更何况是一个女子。每一个在秋天遇见张爱玲的人，都会恍惚觉得自己被秋霜冻了一脸。虽然同事们还能看到她的身影，闻到淡淡的脂粉香，但是每到秋风吹起，所有人都会被她冷眼相待，就像一只刺猬，走到哪里都挂着一张“生人勿近”的招牌。

日子总是过得很快，中国农历春节的时候，很多华人都会挤在唐人街看舞狮，看烟花，看染在皮肤上、融化在血液里的民族情。张爱玲不喜欢这样的热闹，即便是在这样的万人空巷的节日里，张爱玲依然像天边的女神，静静地俯视着所有生灵的欢乐、哭泣、争吵、笑骂，然后淡淡一笑，只是注视着窗外的路灯，漠不关心，喝上一杯咖啡，像往常一样，开始自己的工作。

张爱玲总是让人觉得想为她落泪。并不是每一个女子都可以让人心动，让人望而却步，让人心生挂念的。这一年，发生在美国历史上的一件大事，也是人类历史上的一件大事，7月20日，美国宇航员阿姆斯特朗踏上月球，迈出了人类探索宇宙的第一步。张爱玲想要上街买电视看直播，却把电线杆当作了公车站牌，高度近视的张爱玲努力张望电线杆木牌的样子，被路过的陈世骧看在眼里，就像逆风而舞的花，让人心生怜悯，但是又不忍心伸出援手。其实张爱玲是孤独的，她完全可以去同事家里看直播；但是她又是倔强的，宁可自己买电视看，也不愿意麻烦别人。

时间就这样流水一般的流过了，没有带来什么，也不会留下什么。两年后，张爱玲因为专题论文没有通过的原因被加州大学解聘。生活总是这样无可奈何。

张爱玲在加大写的两篇论文，一篇讲“下放”，一篇讲林彪。她在给庄信正的信里讲，“下放”的那一篇被人挑刺：没根据，不合逻辑，与事实不符。她问挑刺者谢伟思（美国人，著名的中国通，抗战时任职美国驻华大使馆），到底有哪些地方不好，对方指出漏掉了某一点，张爱玲马上从文中翻出来，对方不好意思地笑说，我最好还是再读一遍。张爱玲在给庄信正的信里辩白说：“这些话我都懒得说，因为当然是怪我不会应付，不过并没有一味固执或是怠工。”

文人的骄傲和对挑刺者的蔑视自是不会加以掩饰。后来，庄正信也看到了张爱玲的论文，不像一般的学术论文，只是简短的片段，无法出版，这也成为陈世骧要解雇张爱玲的原因之一。但是其实最重要的还是陈世骧不喜欢张爱玲，两人性格不合。陈世骧好客，喜欢热闹，是个热情的人，而张爱玲却喜欢清静，喜欢独来独往，总是与人保持着距离。

有一次，张爱玲去陈府，陈世骧指着在座的几个客人说，大家就像个大家庭，张回说，她最怕大家庭。到最后，陈世骧以书面方式通知张爱玲被解聘，多少算是不欢而散。

张爱玲是一个不谙世事的孩子，不懂待人接物，不喜欢应酬交际，在上海如此，到美国之后只能是更加孤独自闭，甚少与人来往。而陈世骧却颇喜欢交朋友，老来更是害怕独处，经常在家里办聚会。这样两个性格截然相反的人，自是不合。

2. 幽居洛杉矶，笔耕不辍

无论到哪里，张爱玲都是一个城市人，即便是搬到洛杉矶，张爱玲所居住过的几处公寓，在行政上都属于洛杉矶市区。张爱玲从1972年搬到洛杉矶，一直在那里生活了23年，直到去世。在洛杉矶的生活，才真的是颠沛流离，居无定所。

其实好莱坞正式来说不算是一个城市，张爱玲之所以这样写，一方面是因为她是以写英文影评出名的，成名后也写过一些电影剧本，算是与电影结下了不解之缘；另一方面，她从小在上海长大，她认为好莱坞跟上海很像，算是寻求一种归属感。

林式同第一次受托来见张爱玲之前，连张爱玲的名字都没听说过，若不是经庄正信介绍认识，恐怕这一生都不会知道。后来来见张爱玲的时候，也只是经过门缝隐约看到，因为张爱玲当时住的是单身公寓，没有起居室，而张爱玲受的教育和自己的性格不允许在睡房见客。

由此可见，当时张爱玲的生活虽然窘迫，但是自己从未被生活所改变过。

一年后，张爱玲主动联系了林式同，在一家汽车旅店的会客厅“接见”了他。“……走来一位瘦瘦高高、潇潇洒洒的女士，头上包着一幅灰色的方巾，身上罩着一件近乎灰色的宽大的灯笼衣，就这样无声无息地飘了过来。”

那是1984年秋天，而从1984年8月到1988年3月这三年半时间内，张爱玲一直“流浪”于大洛杉矶地区的汽车旅馆间。之所以如此，是为了躲避令她烦不胜烦的“虫子”。汽车旅馆虽然简陋，但是却很方便，定期有人清理打扫，不用铺床铺。这段时间内，她渐渐养成了丢东西的习惯，并且渐渐地融为一种境界，不想被身外物所拖累，直到去世都未曾改变。

流浪期间，张爱玲的许多重要证件都被清洁工偷去，算是偷懒的一种报应吧，直接导致她成为居无定所的异乡人。据推测，她在洛杉矶这段时间，搬家的次数可以达到四十多次，差不多平均一月一次，没有人能主动联系到她，就算有电话，她也很少接。她不是傲慢，而是真被生活中的诸多小事缠身不得开脱。她健康不佳，小毛病层出不穷。为了申请政府的医疗福利，她不得不重新申请入籍，自己乘车去下城的移民局办理。张爱玲所受的这些不应受的苦，不知道则已，知道的人都替她感到心酸心疼。

1988年，秋天的时候张爱玲写信给林式同，请他替她找房子。那时候，张爱玲的皮肤病刚好，刚从一家汽车旅馆搬走。但是还没等林式同给他找到，她自己就已经在洛杉矶下城东边找到了一家公寓，一家难得住了大半年的公寓。据说，著名的戴文采翻垃圾事件就是在这里发生的。虽然说这里确实有一些让人不舒服的事情，但是作为一个张迷，这一切也可以理解，她写第一次看见张爱玲真人，感觉极其震动，自言好像看见林黛玉从书中走出来葬花。这是个极好的比喻。

后来林式同又替她找到单身公寓，在这里张爱玲度过了自己的余生。她依然坚持自己搬家，这里是张爱玲来到洛杉矶之后最好的居所，也是最后的寓所。这个区离UCLA（加州大学洛杉矶分校）很近，张说隔壁就住着两个台湾研究生。她在邮箱上用了假名Phong，越

南人的姓，对伊朗房东解释说是怕人来借钱。林式同在这里第二次见到张爱玲，虽然一直有书信电话联系，离第一次见面也有7年了。这里环境虽好，却未必是张的理想居所，这里没有她听惯的市声。

张爱玲的最后一张照片，不是和家人的合照，也不是与至交好友的合影，而是定格在1994年《对照记》出版，获得终身成就特别奖的时刻。

洛杉矶的生活虽然颠沛流离，居无定所，但是张爱玲从未间断过文学创作，一方面是她有这方面的天赋，更重要的还是生活所迫，对于她这样一个只会文字创作的人来说，创作既是她精神上的慰藉，又是物质上的保证。

张爱玲的小说《色·戒》历时三十年才终于完成。不是懒散，而是认真。真正的好作品是要经得起时间的考验的，那些为了名利的创作，终只是昙花一现，不会被人记住，不会留名青史。张爱玲在卷首语写道："这个小故事曾经让我震动，因而甘心一遍遍修改多年，在改写的过程中，丝毫也没有意识到三十年过去了，爱就是不问值不值得。"

在洛杉矶的日子里，张爱玲虽然生活很窘迫，但是从未停止过创作，一方面是生活所迫，一方面也是精神寄托。生活的经验和磨砺，才能让人写出优秀的作品，如果总是一帆风顺，那么永远体会不到生活深层次的东西，就不会有精神上的升华。张爱玲美化了她的生活，而这样的生活成就了张爱玲。

3. 与姑姑重新取得联系

在洛杉矶颠沛流离的生活中，除了写作是张爱玲精神上的慰藉以外，另一件事也给她带来了很大的安慰，那就是在八十年代初，与失去联系多年的姑姑张茂渊重新取得联系。张爱玲姑姑张茂渊与张爱玲感情笃深，1942 年至 1952 年，张爱玲曾随姑姑在上海同住十年。

《张爱玲与赖雅》一书的作者、张爱玲研究者司马新认为，太平洋战争爆发后港大停办，张爱玲辍学返回上海与姑姑同住的十年，是张爱玲文学创作的鼎盛期：“张茂渊曾与张爱玲同住十年，对张爱玲童年与成名时期之了解，比很多人都熟悉，对任何研究张爱玲生平学者来说，是最大的‘宝库’。”

提到张茂渊，不得不提张茂渊与李开第的一段爱情传奇。李开第是上海闵行人，1924 年毕业于南洋公学（后称上海交通大学），获取公费留学生的名额前往英国曼彻斯特。留学结束后，1927 年底回到上海，李开第在英国人创办的安利洋行工作。当时李开第已经有婚约在身，所以虽然二人相爱，或者说张茂渊爱着李开第，但是最后李开第还是没有娶张茂渊，而是完成了自己的婚约。

1932 年 9 月，李开第在大华饭店举办了婚宴，张茂渊还充当了女傧相。之后李开第一家和张茂渊交往频繁，李斌自小喊张茂渊为“张

伯伯”。而张茂渊一直未婚。直到1965年，李开第的发妻去世，而李开第的子女不在身边，在最艰难的时候，张茂渊一直陪伴在李开第身边不离不弃，张茂渊无微不至的照顾和其女儿的孝顺懂事才使李开第度过了噩梦般的十年。

李开第与张茂渊的结合，既是上天的安排，也是人心的执着，真正的爱情是宁缺毋滥的，而不是时过境迁就可以将就的。李开第平反后，在女儿的极力支持下与张茂渊结婚。张茂渊、李开第婚后共同度过12年。后来，张茂渊因癌症去世，李开第只好强忍悲伤写信告诉在美国的张爱玲。劈头第一句是“张爱玲，请你镇静，不要激动，报告你一个坏消息。你与我所至爱的亲人已于6月13日晨7:45与世长辞。”而信的结尾，李开第不忘叮嘱侄女：“不要悲伤，身体保重。”此时李开第已90高龄，张爱玲年过七旬。

在这期间，张爱玲1942年由香港回到上海。在与姑姑一起度过的十年间，张爱玲与他们二人也一起度过了一段难忘的时光。李开第经常登门看望，姑姑经常以李开第最喜欢的臭豆腐来招待，都不难看出二人之间的深厚感情。1952年，张爱玲离开大陆，1955年赴美。在香港期间，张爱玲发表了《秧歌》《赤地之恋》，成为“反共作家”，此时大陆政治气氛已趋紧张，此后又掀起过数次政治运动。

为了避免被牵连，张茂渊和张爱玲约定不再通讯。之后两人20余年未联系，直到1979年才重新联系，经常书信往来，后来因张茂渊身体不好，给张爱玲的信都由李开第执笔。张爱玲将她的著作的国内版权委托给李开第处置，所得稿酬也赠与二老，同时多次从美国汇款回来接济二老的生活。直到去世，张爱玲未再见到张茂渊、李开第。

姑姑张茂渊对张爱玲的一生产生了重要影响，影响了她的性格，影响了她的爱情观，也促使她成长，所以，相比于母亲，张爱玲或许是与姑姑更亲近的。

张茂渊不喜欢文人，也许是嫌弃文人的那种矫揉造作，动不动就多愁善感，伤春怀秋。“身外之物”张茂渊统统不喜欢，她手里的珠宝大多都被她卖掉，就剩一块披霞，因为不够好，实在卖不上价钱。

这一块披霞，像是让人不自觉地去探讨一些哲学问题，比如人活着的意义，人活着究竟有没有意义，有什么意义？意义这种东西，看起来是很珍贵的，任何东西没有了意义，也就没有存在的价值了。但是如果不把一样东西放在适合的地方，便没有了价值，便失去了意义。所以张茂渊总是在把披霞拿出来到处比比看之后，发现在哪里都不合适，于是经常感叹：仿佛让人觉得生命没有意义。这正是张茂渊的不俗之处，总是能在简单的生活中，凭着简单直接的悟性，看似随便的话语，一语道破所谓的“生活的哲学”。这样的披霞，总是让张茂渊生出一种没有也许更好的感觉，就像生命不需要刻意的去寻找意义，生命不需要太多华丽的装饰。

张爱玲的姑姑说话有一种异于常人的天赋远见卓识，看似平淡，却又不失道理，像鲁迅那样的，似是绵里藏针。但是张茂渊不懂张爱玲的话，对文人也不甚感兴趣，可是有些人总是“有心栽花花不发，无心插柳柳成荫”。生活总是有无限的启发的，多观察体验生活，能让每一个人成为诗人。

有一天夜里，天冷得催人钻被窝，她就说“视睡如归”，这样写下来就是一首小诗：“冬之夜，视睡如归。”头发太脏，洗完之后水像墨一样黑，她就说：“好像头发掉色似的。”这不就像是文人的句子吗？

张茂渊总是有着这样一种气质，不似文人却胜过文人，总是能以生活般的句子，化腐朽为神奇，就像一根点石成金的棒子。也许张爱玲正是因为“沐浴”在这样的生活里，所以才异于常人。

张爱玲是一个有距离的人，任何人都不可能亲近她，即便是张爱玲爱过的男人，胡兰成和赖雅，他们虽然能让张爱玲放松，但是却进不得张爱玲的内心，反而有时候要承受真实之伤。这样的感情取向，也是源自姑姑张茂渊。张茂渊虽然有些高冷，但是那不是她的华丽的装饰，而是她本性如此，不像那些巧舌如簧、口蜜腹剑的小人，张茂渊更加真实不做作。

这样，作为一个作家，张爱玲更是从这份真实上受益匪浅。如果说张爱玲在香港大学时学会的官样文学是花拳绣腿，那么张茂渊的高冷和真实，则是一把手枪，上膛的手枪，那种杀伤力和穿透力是不能同日而语的。张茂渊的真实，将人生中那些无用的东西，像筛子一样过滤得一干二净。

有这样一个特立独行无畏无惧的姑姑，张爱玲自是也能活得更自在更洒脱，更能不在乎别人的看法和眼光，无论是穿稀奇古怪的衣服还是坚持喜欢旗袍，无论是一往无前地喜欢有妇之夫胡兰成还是与大自己近三十岁的赖雅结婚，她都可以泰然处之。虽然张茂渊对张爱玲的恋情没有发表过看法，但是不知不觉已经潜移默化地为张爱玲指明了方向。

正是有了这样的姑姑，张爱玲才活得更加真是更加自在，才能打破现实的束缚，才能“放纵”自己。所有人都有各种各样的欲望，但是最后往往被现实所累，不敢去或者不能去追求自己所想要的。张爱玲却不同，张爱玲敢于去表达自己想要表达的，追求自己喜欢的，就像她笔下的人物，个个真实，个个有血有肉、敢爱敢恨。

张爱玲笔下经常有一种矛盾的魅力，乱世爱情，残酷却不失美丽，就像苍茫天地间的一片树叶。而这些，都是深受张茂渊的影响。张茂渊对张爱玲的影响，跨越了时间空间，甚至跨越了亲情。

4. 国内文坛掀起张氏风潮

就在张爱玲在洛杉矶颠沛流离、居无定所之际，随着国内形势的发展变化，很多文学作品也得以重获新生。只是可笑的是，当张爱玲正为搬家烦恼时，国内文坛却掀起了一股张氏风潮。

1961 年，文学史家夏志清出版的英文著作《中国现代小说史》，使张爱玲进入中国文学史。1979 年，这时正值改革开放的初期，两岸三地的交流逐渐增多，此时香港出版了这部书的中文版，立即受到内地学者关注，并且将这本书带回大陆研究。于是，张爱玲进入研究者视野，被更多人所认知和接受。

张爱玲在内地引起的风潮首先是从香港和台湾开始的，当时夏志清的《中国现代小说史》里面介绍了四个人，沈从文、张爱玲、钱钟书和师陀，除了师陀，另外三个都一夜走红，并且引发研究热潮。而从这本书里用了 26 页研究鲁迅，却用了 42 页来研究张爱玲可以看出作者对其的推崇。

事实上，张爱玲是不应被文学史遗忘的杰出作家。1978 年以前，由于历史原因，很少有人听说过张爱玲，而随着改革开放，开放的不仅是国门，更重要的是思想的解放，伴随着思想的解放，大批学生开始接触到曾经的所谓“反共”文学。人就是这样，越是禁就越是好奇。所以，一旦开禁，所有的学生学者都如饥似渴地开始阅读。在当时，包括张爱玲在内的钱钟书、沈从文、废名、路翎等一批作家的作品，像一颗原子弹，骤然改变了人们的“文学史观”。而夏志清的《中国现代小说史》更是让人们坚信，张爱玲是一位优秀的不应被遗忘的小说作家。张爱玲的异于常人的描写和情感体验，对于当时贫乏的国人来说，就像黎明的一缕曙光，照亮了他们暗淡已久的心灵。

后来，张爱玲能真正进入内地文学，得到内地文学评论界和学者的关注，不仅仅依靠《中国现代小说史》的影响，更是依靠大众杂志《读书》和《收获》。两个杂志社同时发表的作家柯玲的《遥寄张爱玲》，让内地大众认识张爱玲，随后刊登的张爱玲的成名作《倾城之恋》，促使张爱玲被大家喜欢和追捧。

就连贾平凹对张爱玲的作品都称赞不已，说她是“会说是非的女狐子”，看了她的散文，意犹未尽，又去找她的小说。贾平凹直率地表达自己对张爱玲的推崇，以及对她作品的欣赏，“当看到《倾城之恋》《金锁记》《沉香屑》那一系列，中她的毒已深。明明知道读她只乱我心，但偏要读。”

张爱玲的小说让人着迷，让人或喜或悲，但真正的小说就应该是能与读者产生共鸣的，如果一部小说在读者读完之后就像喝了一口凉水一样，什么感觉都没有，甚至刚读完就忘了内容，那么这就是一本失败的小说。而张爱玲的小说却让人似被火烧，似被雨淋，即便是没有感情经历的人也能身临其境，感同身受。

随着张爱玲的小说被大众接受和在研究领域的关注，人们对张爱玲的评价也开始发生变化。在《中国现代文学三十年》这本影响极大、被许多高校作为教材的文学史著作中，论及张爱玲的部分用了大约八百多字。虽然不算多，但是很多大学生从这本书中认识了解到了张爱玲，开始接触张爱玲本人和她的作品，开始体会到张爱玲作品中异于他人的情感。张爱玲是具有传统中国特色的文人，但同时其作品又雅俗共赏，她既接受过英式教育，辗转于美国各地，同时内心却又是保守的，所以张爱玲的作品总是矛盾但又是丰富的。张爱玲的作品因此深受大学生的喜爱，而研究张爱玲的论文，在大学中文系中，也一直是居高不下，备受关注。

20世纪80年代，学术界的研究带动了张爱玲著作的出版。出版者一开始比较小心，出版其作品大都打着“研究和教学”的名义，但是后来出版社了解到人们的阅读心理和随着环境的逐渐宽松，张爱玲的小说便如“洪水猛兽”般一发不可收拾。张爱玲的小说集《传奇》《流年》《十八春》《半生缘》等一系列作品，相继由不同出版社一一出版发行，甚至张爱玲翻译的《爱默森文选》也被出版。

随着时间的推移，人们对张爱玲的认识更加深入和丰富，张爱玲的作品也成为文艺青年们的精神向往。再后来，出版社便几乎不再有所顾虑，张爱玲的各种图书被越来越多的出版社出版，总数超过50种。

5. 不希望被人打扰的晚年生活

对张爱玲而言，她的一生照亮世人，而晚年却是凄凉孤独。一代才女竟然遭遇这样的结局，不禁令人叹息！一个文坛享乐主义者，为什么到最后却成为一个对生活充满悲剧感的人？

有一位来自台湾的戴小姐，曾经偷偷地住在张爱玲隔壁，对这位才女有过这样一段回忆：

“她真瘦，顶重略过八十磅，生得长手长脚，骨架却极细窄，穿着一件白颜色衬衫，亮如洛佳水海岸的蓝裙子，女学生般把衬衫扎进裙腰里，腰上打了无数碎细褶，像只收口的软手袋。因为太瘦，衬衫肩头以及裙摆的褶线光绫绫的始终撑不圆，笔直的线条使瘦长多了不可轻侮。午后的阳光邓肯式在雪洞般墙上裸舞，但她正巧站在暗处，看不出衬衫白底上是不是印有小花，只觉得她皮肤很白，头发剪短了烫出大卷发花，发花没有用流行的挑子挑松，一丝不苟地开出一朵一朵像黑颜色的绣球花。

“她侧身脸朝内弯着腰整理几只该扔的纸袋子，门外已放了七八只，有许多翻开又叠过的旧报纸和牛奶空盒。她弯腰的姿势极隽逸，因为身体太像两片薄叶子贴在一起，即使前倾着上半身，仍毫无下坠之势，整个人成了飘落两字，我当下惭愧我身上所有的累赘太多。她的腿修长，也许瘦到一定程度之后根本没有年龄，叫人想起新烫了发的女学生；我正想多看一眼，她微偏了偏身，我慌忙走开，怕惊动她……

“她也许察觉外头有人，一直没有出来，我只好回房，待我一带上门，立即听到她开门下锁急步前走。我当下绕另外一条小径躲在墙后远远看她，她走着，像一卷细龙卷风，低着头，彷佛大难将至，仓皇赶路，垃圾桶后院落一棵合欢叶开满紫花的树。在她背后，私语般骇纷纷飘坠无数绿与紫。因为距离太远，始终没有看清她的眉眼，仅是如此已经十分震动，如见林黛玉从书里走出来葬花，真实到几乎极不真实。岁月攻不进张爱玲自己的氛围，甚至想起绿野仙踪。”

在张爱玲所有的朋友中，唯一见过她逝后身容的人就是林式同。他这样描述过当时的场景：张爱玲是躺在房里唯一一张靠墙的行军床上去世的，身下垫着一床蓝灰色的毯子，没有盖任何东西，头朝着房门，脸向外；眼和嘴都闭着，头发很短，手和腿都自然地平放着。她的遗容安详，只是出奇地瘦，保暖的日光灯在房东发现时还亮着。

法医说，张爱玲是死于心血管病。根据林式同平时的了解，张爱玲一直有牙病、眼病、皮肤病，还时常感冒，可以说她的身体一直饱受病患折磨。没料到，她还有心血管疾病，这才是要命的病。除此之外，她很少自己做饭吃，更不爱下馆子，罐头、牛奶等方便食品是她的日常餐饮。因此，这成为她体质衰弱、免疫力下降的重要原因。试想，正常人几天不吃东西也会瘦成干，像她这样经常患病的人，就更无抵抗力可言了。

临终前，她清醒地整理了各种重要证件，装进手提包，放在靠门的折叠桌上。由此不难看出，她知道自己大限将至。最终就这样，她清清白白又冷冷清清地走了。林式同在为张爱玲清理房间时，考虑到这是一位女士的房间，因而请了一位姓朱的小姐来帮忙。房内的地上摆放着许多纸袋，床前的地上放着电视机，她成天躺在床上看电视以此来忘却病痛和饥饿，甚至靠着电视的声音催眠。对门朝北的窗前，堆着一叠纸盒，这就是张爱玲的写字台。生前，她坐在地毯上写作，旧信封、买菜单、收据、报纸上都留有这位才女作家的字迹。除了自己的作品和台港寄来的报刊外，她没有任何别的书籍。墙上也是空空如也，没有挂置任何装饰，显得有一丝苍白无力。

在她那凌乱的浴室里，可以看到浴缸变了颜色，而放在脸盆旁边的药柜里有许多药瓶和洗漱用具，当然也都是随意摆放。地上都是随意乱扔的纸巾，没有看到一条毛巾。林式同和朱先生推测，她可能是连拧毛巾的力气都没有了，才用了这么多纸巾。她只用胶皮浴用拖鞋，用脏了就丢，还有几大包新的没有用过。

他们知道，张爱玲不爱用箱子，嫌搬起来麻烦，而且每搬一次就扔掉不少东西。所以在她的贮衣室里，挂着近几年买衣物的一些纸袋，而没有箱子。在厨房里，也大多是一次性的纸碗纸碟和塑料刀叉。至于金属餐具，大都是新的，几乎没怎么用过。咖啡壶看着倒是常用，她喜欢喝浓咖啡。

生前，张爱玲还租了一个小仓库，三英尺见方，里面藏有其英文著作、打字手稿等物，并且都用手提袋装着。在与仓库老板签约时，她填了自己和林式同两人的名字，林式同才得以进入仓库整理东西，然后遵照遗嘱寄到香港宋淇处。

张爱玲遗嘱内容不多，主要有这样几点：

死后马上火葬，不要人看到遗体。

不举行任何葬礼仪式。

骨灰撒向空旷无人处。

遗物全部寄给宋淇先生。

6. 一代才女香消玉殒

2010年10月21日至31日，由来自不同行业的资深创意领袖，共同跨界打造的音乐剧《张爱玲》在北京试演。此时，恰逢张爱玲诞辰九十周年。曾经的一代才女，终抵不过时间的流逝，香消玉殒了。

张爱玲曾经说过，“有一天我们的文明，不论是升华还是浮华，都要成为过去。然而现在还是清如水明如镜的秋天，我应当是快乐的。然而隔着三十年的辛苦路往回看，再好的月亮也不免有些凄凉。”

1921年9月，张爱玲出生在上海一个大家族里，她有一个抽鸦片、讨小老婆的父亲，和一个崇尚西方生活、追求自由独立的母亲，家庭生活谈不到温暖；但是，她那位名叫李鸿章的外曾祖父，以及名叫张佩纶的祖父，却成为日后“张迷”们认定其出生不平凡的铁证。拥有贵族血统，已经成为张爱玲身上一个扯不掉的标签。

初中的时候，父母离异，十二三岁的张爱玲跟了父亲，然而很快就因为继母的来到而陷入困窘的生活。此后，她不再是可以穿漂亮衣服，放言要周游世界的小姐了，取而代之的是继母的旧棉袍，以及无休止的折磨。在一次被继母诬陷、被父亲毒打之后，她终于还是踏上了离家出走的道路，并由此改变了自己的一生。母亲的接纳仅仅让她学会了独立而已，而选择继续读书，也只是一场还未开

始便已经结束的美梦。

1938年，一位17岁的教会中学的女学生写下了这样一句话:“在没有人与人交接的场合，我充满了生命的欢悦。可是我一天不能克服这种咬啮性的小烦恼。生命是一袭华美的袍，爬满了蚤子。”没有人意识到，说出这句话的人，将改变多少人的一生。

1942年，张爱玲来到上海，与姑姑同住在静安寺附近的常德公寓，在这里度过了一段少有的安逸愉快的时光，并且开始了她“出名要趁早呀！来得太晚的话，快乐也不那么痛快”的痛快之旅。年仅二十多岁的张爱玲文思如涌，写下了许多著名的小说，一时名声大噪。更令人称奇的是，她在尽情地享受成功的快乐的时候，仍旧不忘说“个人即使等得及，时代是仓促的，已经在破坏中，还有更大的破坏要来……如果我最常用的字眼是苍凉，那是因为思想背景里有这种惘惘的威胁。”

不久，她便开始了与胡兰成的传奇爱情，却也只是一场终归要醒来春梦。因为这一点，她在很长一段时间里更是离开了大部分中国人的视野，游离于热闹的文学界之外。

1949年，抗战的胜利和新中国的成立，使张爱玲陷入政治上的困境。随后，她不得不选择再次逃离，到香港继续完成学业。

1955年，她辗转来到美国，开始了颠沛流离、居无定所的异乡之旅。这段时间对于张爱玲来说大概是幸福的吧，因为她遇见了自己的人生导师般的胡适先生，遇到了自己的第二任丈夫赖雅先生，并度过了一段安逸的日子。然而，生活总是折磨人的，不久之后她与胡适先生失去联络，直至后来胡适先生与赖雅先后去世。随后，又是一次逃离，张爱玲选择定居洛杉矶。

在美国生活的日子里，张爱玲没有固定的居所，过着不断搬家的日子。而在这段颠沛流离的日子里，也是她在国内文坛再次崛起的时光。20世纪80年代，张爱玲的作品逐渐被更多的人了解和接受，甚至引起一场“张爱玲风潮”。

然而，张爱玲的晚年一如既往的不希望被人打扰，没有人能主动联系到她。除了请人帮忙找房，她不会主动联系别人。这份孤寂也许是性格使然，只是让她的日子显得那么凄苦。到了晚年，张爱玲显得更加孤僻，平时不爱说话，一关就在家里十几天不出门，常常在公寓里以速冻食品来充饥。

1994 年，《对照记》出版了。随后，《联合报》为她颁发了终身成就特别奖。1995 年 9 月 8 日，这一天是中国传统佳节中秋节的前一天。所有人都准备或已经回到家里，准备一起在中秋节团圆赏月，而在美国洛杉矶，当警察打开罗契斯特街公寓一间房间的大门时，映入眼帘的是一幅安详的黑白画面：赫红色的旗袍，白色的稿纸，蓝色的写字笔，以及旗袍包裹下的仍旧安详沉静的张爱玲。没有人知道，这位逝去的老太太就是风靡世界的华人作家，才女张爱玲。

张爱玲的一生是传奇的，她经历了众多波折，也与许多是非纠缠不清；张爱玲的一生又是很世俗的，像一部烂俗的爱情小说；同时，张爱玲的一生还是凄凉的，不论是小时候，还是年轻的时候，或是晚年，都没有得到过足够的爱；最后，张爱玲的一生是幸福的，她活得自在、活得真实，从来没有被现实所拘束，像一只美丽的蝴蝶，飞舞在天地之间。一代民国奇女子最终落幕，而有关她的故事、传说还将久久留在人们的记忆中，供后人品评、回味。而张爱玲的文字，才是最精美的盛宴，是她留给世人的礼物。

附录

附录 1　张爱玲年表

1920 年 9 月 30 日，出生于上海麦根路（今太兴路），取名张煐。原籍河北丰润。

1922 年，全家迁居天津。

1924 年，开始私塾教育，在读诗背经的同时，开始小说创作。

1925 年，母亲黄逸梵出洋留学。

1927 年，7 岁的张爱玲随家回到上海。不久，母亲回国，她又跟着母亲学画画、钢琴和英文。

1930 年，改名张爱玲，父母离婚。

1931 年秋，就读上海圣玛利亚女校。

1932 年，圣玛利亚女校校刊上刊载短篇小说处女作《不幸的她》。

1933 年，圣玛利亚女校校刊上刊载第一篇散文《迟暮》。

1937 年，《国光》刊载小说《牛》《霸王别姬》及《读书报告三则》《若馨评》；《凤藻》刊载《论卡通画之前途》中学毕业。

1938年，在困境中终于长成大姑娘的张爱玲再一次接受了命运的考验。她虽然考取了英国的伦敦大学，却因为战事激烈无法前往。

1939年，考进香港大学。

1942年，香港沦陷，未毕业即回上海，给英文《泰晤士报》写剧评、影评，也替德国人办的英文杂志《二十世纪》写文章。辍学后开始投入文学创作，《二十世纪》杂志刊载《婆媳之间》《秋歌》《中国人的生活与服装》。《我的天才梦》获《西风》杂志征文第十三名。

1943年，《紫罗兰》杂志连载中篇小说《沉香肩：第一炉香》《沉香肩：第二炉香》；《杂志》月刊刊载《茉莉香片》《到底是上海人》《倾城之恋》《金锁记》；《万象》月刊刊载《心经》《琉璃瓦》；《天地》月刊刊载《散戏》《封锁》《公寓生活记趣》；《古今》月刊刊载《洋人看京戏及其他》《更衣记》。

1944年，《万象》月刊连载长篇小说《连环套》；《杂志》月刊刊载；《红玫瑰与白玫瑰》《殷宝滟送花楼会》《论写作》《有女同车》《走！走到楼上去！》《说胡萝卜》《诗与胡说》《写什么》《忘不了的画》《等》《年轻的时候》《花凋》《爱》；第一本短篇小说集《传奇》由杂志月刊社出版；《天地》杂志刊载《童言无忌》《造人》《打人》《私语》《中国人的宗教》《谈跳舞》《道路以目》《烬余录》《谈女人》；《小天地》杂志刊载《散戏》《炎樱语录》；《苦竹》月刊刊载《谈音乐》《自己的文章》《桂花蒸阿小悲秋》。

1944年，与胡兰成结婚。

1945年，《杂志》月刊连载《创世纪》《姑姑语录》《留情》《苏青张爱玲对谈记》《吉利》《浪子与善女人》；《小天地》

月刊刊载《气短情长及其他》；《天地》月刊刊载《卷首玉照及其他》《双声》《我看苏青》；《倾城之恋》在上海公演。

1947年，《大家》月刊刊载《华丽缘》《多少恨》；《传奇》增订本由山河图书公司出版；《太太万岁》改编成电影。

1947年，与胡兰成离婚。

1948年，上海《亦报》连载《十八春》（后改名《半生缘》）。

1949年，上海解放后以梁京笔名在上海《亦报》上发表小说。

1950年，参加上海第一届文学艺术界代表大会。

1952年，选择避居香港。

1954年，《秧歌》《赤地之恋》在《今日世界》连载，后在香港出版英文本及中文本；《传奇》改名《张爱玲短篇小说集》，在香港由天风出版社出版；今日世界出版社刊行译作《无头骑士》。

1955年秋，离港赴美；拜访胡适。

1956年8月，36岁的张爱玲与65岁的赖雅结婚。

1966年，香港《星岛晚报》连载长篇小说《怨女》；《怨女》由皇冠出版社出版。

1967年，赖雅去世；获邀任美国纽约雷德克里芙学校驻校作家；着手英译清代长篇小说《海上花列传》。

1968年，《秧歌》《张爱玲短篇小说集》《流言》由皇冠出版社出版，《皇冠》杂志、香港《星岛晚报》连载《半生缘》。

1969年，《半生缘》由皇冠出版社出版。

1973年，定居洛杉矶，《幼狮文艺》刊载《初评红楼梦》。

1974年，《中国时报》人间副刊刊载《谈看书》《谈看书后记》。

1975年，完成英译《海上花列传》；《皇冠》杂志刊载《二详红楼梦》。

1976 年，《张看》由皇冠出版社出版；《联合报》刊载《三详红楼梦》《张看自序》。

1977 年，《红楼梦魇》由皇冠出版社出版。

1979 年，《中国时报》刊载《色·戒》。

1981 年，《海上花列传》由皇冠出版社出版。

1983 年，《惘然记》由皇冠出版社出版；《幼狮文艺》刊载《初评红楼梦》。

1984 年，《联合文学》刊载电影剧本《小儿女》《南北喜相逢》。

1988 年，《续集》由皇冠出版社出版。

1991 年，《张爱玲全集》典藏版《秧歌》《赤地之恋》《流言》《怨女》《倾城之恋》《沉香消屑：第一炉香》《半生缘》《张看》《红楼梦魇》《海上花开》《海上花落》《惘然记》《续集》《于韵》由皇冠文学出版有限公司出版。

1992 年，《爱默森选集》由皇冠文学出版有限公司出版。

1993 年，完成《对照记》；《联合文学》刊载电影剧本《一曲难忘》。

1994 年，《对照记》由皇冠文学出版有限公司出版。

1995 年 9 月 8 日，逝世于洛杉矶公寓，享年七十五岁。

1995 年 9 月 30 日，张爱玲的生日，友人将她的骨灰撒在太平洋。

附录2　张爱玲经典语录

也许每一个男子全都有过这样的两个女人，至少两个。娶了红玫瑰，久而久之，红的变了墙上的一抹蚊子血，白的还是“窗前明月光”；娶了白玫瑰，白的便是衣服上的一粒饭粘子，红的却是心口上的一颗朱砂痣。

因为懂得，所以慈悲。

我要你知道，在这个世界上总有一个人是等着你的，不管在什么时候，不管在什么地方，反正你知道，总有这么个人。

于千万人之中，遇见你要遇见的人。于千万年之中，时间无涯的荒野里，没有早一步，也没有迟一步，遇上了也只能轻轻地说一句：“哦，你也在这里吗？”

失望，有时候也是一种幸福，因为有所期待所以才会失望。因为有爱，才会有期待，所以纵使失望，也是一种幸福，虽然这种幸福有点痛。

如果我不爱你，我就不会思念你，我就不会妒忌你身边的异性，我也不会失去自信心和斗志，我更不会痛苦。如果我能够不爱你，那该多好。

我们再也回不去了！

如果情感和岁月也能轻轻撕碎，扔到海中，那么，我愿意从此就在海底沉默。你的言语，我爱听，却不懂得，我的沉默，你愿见，却不明白。

你问我爱你值不值得，其实你应该知道，爱就是不问值不值得。

能够爱一个人爱到问他拿零用钱的程度，都是严格的考验。

对于不会说话的人，衣服是一种语言，随身带着的是袖珍戏剧。

要做的事情总找得出时间和机会；不要做的事情总找得出藉口。

替别人做点事，又有点怨，活着才有意思，否则太空虚了。

如果你不调戏女人，她说你不是一个男人；如果你调戏她，她说你不是一个上等人。

回忆永远是惆怅。愉快的使人觉得“可惜已经完了”，不愉快的想起来还是伤心。

我喜欢钱，因为我没吃过钱的苦，不知道钱的坏处，只知道钱的好处。

一个知己就好像一面镜子，反映出我们天性中最优美的部分。

书是最好的朋友。唯一的缺点是使我近视加深，但还是值得的。

一个人在恋爱时最能表现出天性中崇高的品质。这就是为什么爱情小说永远受人欢迎—不论古今中外都一样。

人因为心里不快乐，才浪费，是一种补偿作用。

回忆这东西若是有气味的话，那就是樟脑的香，甜而稳妥，像记得分明的快乐，甜而怅惘，像忘却了的忧愁。

对于三十岁以后的人来说，十年八年不过是指缝间的事，而对于年轻人而言，三年五年就可以是一生一世。

一般的说来，活过半辈子的人，大都有一点真切的生活经验，一点独到的见解。他们从来没想到把它写下来，事过境迁，就此湮没了。

男人做错事，但是女人远兜远转地计划怎样做错事。女人不大想到未来—同时也努力忘记她们的过去—所以天晓得她们到底有什么可想的！

男人憧憬着一个女人的身体的时候，就关心到她的灵魂，自己骗自己说是爱上了她的灵魂。唯有占领了她的身体之后，他才能够忘记她的灵魂。

要是真的自杀，死了倒也就完了，生命却是比死更可怕的，生命可以无限制地发展下去，变的更坏，更坏，比当初想象中最不堪的境界还要不堪。

太大的衣服另有一种特殊的诱惑性，走起路来，一波未平，一波又起，有人的地方是人在颤抖，无人的地方是衣服在颤抖，虚虚实实，极其神秘。

这世上没有一样感情不是千疮百孔的。

短的是生命，长的是磨难。

喜欢一个人，会卑微到尘埃里，然后开出花来。

笑，全世界便与你同声笑；哭，你便独自哭。

但是，酒在肚子里，事在心里，中间总好像隔着一层，无论喝多少酒，都淹不到心上去。

男人彻底懂得一个女人之后，是不会爱她的。

他看着自己的皮肉，不像是自己在看，而像是自己之外的一个爱人，深深悲伤着，觉得他白糟蹋了自己。

生命是一袭华美的袍，爬满了蚤子。

善良的人永远是受苦的，那忧苦的重担似乎是与生俱来的，因此只有忍耐。

深情是我担不起的重担，情话只是偶然兑现的谎言。

我爱你，为了你的幸福，我愿意放弃一切—包括你。

小小的忧愁和困难可以养成严肃的人生观。

女人……女人一辈子讲的是男人，念的是男人，怨的是男人，永远永远。

无用的女人是最最厉害的女人。

人生最大的幸福，是发现自己爱的人正好也爱着自己。

听到一些事，明明不相干的，也会在心中拐好几个弯想到你。

你死了，我的故事就结束了；而我死了，你的故事还长得很。

我爱你，关你什么事？千怪万怪也怪不到你身上去。

你年轻么？不要紧，过两年就老了。